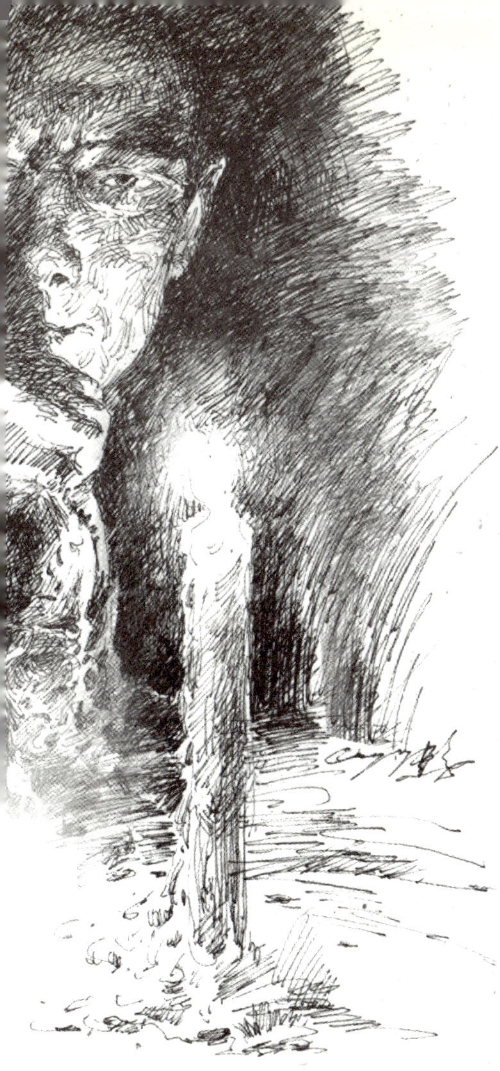

关系没关系

于懋/著

二十一世纪出版社
21st Century Publishing House
全国百佳出版社

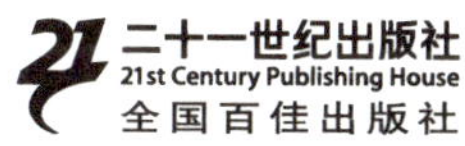

图书在版编目（CIP）数据

关系,没关系 / 于懋著. -- 南昌：二十一世纪出版社, 2013.11

ISBN 978-7-5391-9114-0

Ⅰ. ①关… Ⅱ. ①于… Ⅲ. ①人际关系－通俗读物 Ⅳ. ①C912.1-49

中国版本图书馆CIP数据核字(2013)第231840号

关系,没关系 于懋 / 著

责任编辑 敖登格日乐
出版发行 二十一世纪出版社
（江西省南昌市子安路75号　330009）
www.21cccc.com　cc21@163.net
出 版 人 张秋林
经　　销 新华书店
印　　刷 廊坊市文峰档案印务有限公司
版　　次 2013年11月第1版　2018年5月第2次印刷
开　　本 680mm × 880mm　1/16
印　　张 23.5
字　　数 148千
书　　号 ISBN 978-7-5391-9114-0
定　　价 48.00元

赣版权登字—04—2013—721

如发现印装质量问题，请寄本社图书发行公司调换 0791-86524997

序

爱情、婚姻及人生种种

王艺

饮食男女，人之常情，古今中外，概莫能外。无饮食无以保证个体之发展，无男女无以促进群体之兴旺。爱情，无疑是各类艺术表现形式的永恒话题。爱情之永恒，其原因可能在于她极其矛盾又非常吸引人的特质。若问世间有何物能集甜如蜜与酸如醋，甚至苦涩如酒于一体，那必定非爱情莫属。

爱情发展得水到渠成，与其紧密相伴的自然是婚姻。婚姻相较于爱情，却更是令人又爱又恨。有人警示：婚姻是爱情的坟墓；也有人感怀：好女人是一所学校，一个好男人通过一个好女人走向世界；澳大利亚人奥斯瓦尔德·施瓦茨曾慨叹：美满的婚姻是人生最大的幸福之一，不幸的婚姻无异于活着下地狱。凡此种种，令人深思：我们到底需要一份什么样的爱情和婚姻?

世间男女无不乐于品啜爱情的美酒,真正的爱情不分年龄。我们常见《少年维特的烦恼》的“哪个少男不钟情，那个少女不怀春”；也偶有钱锺书《围城》里调侃的“上了年纪的人动了爱情，就如同老房子着火，不可救药”。真正的爱情也不分种族，在这个越来越小的地球村里，爱情跨越了种族、国界、文化的界限，距离产生的美令人目醉神迷，不能自拔。

爱情是一个相当丰富的情感立体面。她常常是忠贞与嫉妒并存，烦恼与甜蜜共飞。谜样的异性世界，对初涉爱情之河的少男少女来说既有神秘晕眩之感，又有无所适从之谜。这一切都源于男女两性之间的巨大差异，这种差异如此之大，甚至让人写出一套名为《男人来自火星，女人来自金星》的书籍。问题在于，即使我们能从书籍中找到男女之间的差异和相处之道的所有知识，爱情还是会因时、因地、因人、因事而不同，还是会具有梦幻的魅力。

在爱情中，其结局往往不外乎是喜剧、悲剧或者无聊的肥皂剧。恋爱双方付出的感情往往不甚对称，在爱情中悲剧比喜剧更加永恒。美狄亚与伊阿宋、罗密欧与朱丽叶、焦仲卿与刘兰芝、梁山伯与祝英台，凡此种种不一而足。自然也产生了千古流传的文学或者戏曲等艺术形式,赚足了千年后人们的眼泪。

爱情害怕用情太深失去自我、害怕隐瞒和欺骗。最好的爱情是两个人携手面对整个世界，共同成长。最坏的爱情是在两个人的小圈子里越来越失去自我，萎缩了自己也束缚了别人。如若终成天作之合，由爱情跨入婚姻，那也并非万事大吉。

纯洁浪漫或者喜庆热闹的婚礼，赋予了爱情以厚重的仪式感，更是婚姻生活的前奏曲。两个相爱的人通过这样广而告之的形式取得了婚姻的合法性，但其实都还是刚入学的小学生，在婚姻的漫漫长征中才开始了第一步。

婚姻和爱情不同。“婚姻是爱情的坟墓”的说法固然耸人听闻，却也警醒了沐浴在爱河的人们：爱情是两个人的事，婚姻却是两个家族的事；爱情固然有荷尔蒙的激情，婚姻却更讲究经营的艺术和智慧；爱情可以跟着感觉走，婚姻却和责任捆绑在一起；爱情，彼此有对方就够了；婚姻，却要求两个人携起手来面对整个世界，甚至会把强烈的爱情转化为柔绵的亲情，所以古时候的结婚是“成亲”；爱情是跟对方的优点在一起，婚姻却是和对方的缺点一起日复一日地生活。

爱情中常常会给对方罩上一层虚拟的闪亮光环，每个人爱上的对方只是“如我所想”的、自己眼中所见的对方。而一旦步入婚姻的殿堂，就会逐渐发现“如他所是”、真实和放松的对方，这样的情况在女性中更为常见。如此一来，难免就会让人有失落之感。这时候就需要调整心态，认清自己和对方在婚姻中的位置，才能使婚姻步入正轨。

夫妻之间也需要一定的空间，这个空间不仅是物理上的，也是心理上的。再亲密的关系也要把持住自己的分寸，也有需要固守的边界，而掌握好这个分寸和边界是婚恋中的男女需要慢慢探索的。如果要用一个词来概括这样的分寸和边界，那就是自我。坚守自我不仅在爱情中是极其重要和不容易的，在其他的社会关系中也同样如此。

毋庸置疑，美好的婚姻首先根源于爱情，婚姻需要经营，需要面对自己与对方的缺点，需要面对柴米油盐生活琐事，需要面对七大姑八大姨……在这些生活琐事面前，原本健康的爱情之树逐渐被侵蚀得千疮百孔，迎风飘摇。因此，婚姻生活需要艺术，需要智慧。如果在平淡如水的生活中增加一些宽容、一些幽默，那就犹如清水中加入了蜂蜜，或者葡萄历经时间酿成了美酒，实在是锦上添花的事情。

尽管爱情和婚姻差别甚大，但维系爱情和婚姻所需要的一些要素却是相同的：信任、包容、沟通、奉献、责任等等。有了这些作为保障，必将收获一份圆满的、令人成长和充实的情感。而真正深挚的情感方能经受时间和空间的考验，正如法国女作家杜拉斯在《情人》中所言：“与你那时的面貌相比，我更爱你现在备受摧残的面容。”也能跨越空间的阻隔，发出卓文君对司马相如式的深情召唤：“一别之后，两地相思，只说是三四月，又谁知五六年，七弦琴无心抚弹，八行书无信可传，九连环从中折断，十里长亭望眼欲穿……”

爱情、婚姻乃至人生，凡此种种，总是和丰厚的人生阅历、深刻的生命感悟息息相关。好友于懋兄厚积而薄发，短时间内洋洋洒洒写成十二万字，勤勉真诚如父辈，完成一份给予后辈的新婚礼物，其情可嘉，其文可读，视角多样而客观，立意悠长且深远。

常思万千世界，自有天地宽阔。这本小书探讨关于爱情、婚姻及人生种种，也是幸福人生的随想录。值得每个期望获得美好感情、或者对爱情、婚姻乃至人生有所思考的人一读。是为序。

目 录

所有关系最终都将指向神灵

信仰是宗教追求的一种精神效果。人们在信仰的包裹和召唤下，会主动化解人世间诸多疑惑和不解，自觉超越本身的认知限制和情绪的制约，有意识地摆脱狭隘精神界限，最终完成灵魂的升华。如果人一旦认定自己与他人、与社会、与自然之间的关系都可以归结为是自己与上帝、与佛、与其他神灵之间关系的话，那么这个人就会自觉地将自己化身为一个信徒角色，内心会充满敬畏、慈悲、纯净和诚实。他所表现的行为也自然是包容的、亲善的、互利的，或者是有牺牲奉献的全部准备。这种源自于信仰的力量所产生的与生命行为比照，使人们的处事标准接近正确，是信仰对人的生命意义的高级指引。心存信仰是为自己设定了一个人生的精神高点，拒绝和排斥人性中那些低矮的部分，主动地约束和限制自身的傲慢、狂妄、自私、贪婪、主观、疯狂等不良情绪。如果人们能理解和接受这一观点，也就学会了与世界交往的所有的方法。这也是形而上学对人类在行为运用上的重要指导和贡献，也是家庭关系最顶层的设计。

精神差异的破坏力

差异化的精神分歧阻碍和破坏了夫妻之间本应有的正常关系和秩序。他们因差异而争斗，又因争斗而扩大差异，并把扩大之后的差异认作成了真实，制造成了真实。如此不断地恶性循环，彼此之间的对立关系逐渐被合理化，并被持续不懈地坚持和放大。所以，在此问题上保持主动的检讨和反省，创造和发现人们之间存在的共同点和交合区域，才会使相互的沟通变成可能，才会将所有的关系推送到有意义的层面上去。精神上存在的差异是正常的，彼此的行为、爱好的不同也是正常的，人们需要小心的是不要过于坚持自我的意志，把过去的经验当成处理现今问题的指南，以不变应对所有变化。这本身即是进步的停止，会将正常的事情和关系制造成不正常状态，以至于最后自己也成了不正常的人了。

变是男人的本性

女人寻觅配偶期间，不应该将目标定位在一个所谓好男人上，这是一种人身依附，是一种虚幻，是一种固化了的标准，也是奴性的一种。这样做的后果会给未来的两性关系带来不平等，会让女人自我迷失，自我禁锢。世界上本来就没有绝对的好男人，也没有完全的坏男人。他们需要好时就会好，该坏时就会坏，好与坏的表现通常是由男人本身的素质和环境所决定的。男人不可能像女人那样稳定，男人的多面性决定了变是他们的本质。再加上社会的影响和本身的进步或退步，都不能让他们在一个形态上相对固定，永远都会变来变去。所以，女人们选择的眼光要放得更远，有前瞻性，对男人们变化的方向和变化的本质有一个基本的判断。女人还要懂得，最后你所确定的那个对象不可能是成品，大都是半成品，有些甚至是毛坯，需要你在接手之后，有一个精心设计、雕刻和打磨的过程。作品的水准取决于你的创作能力、手工技巧和用心程度，当然还要有运气。

忠贞是一种选择

忠贞是个敏感的概念，它的敏感缘于本身的不确定性和伦理道德对它的裁判和制约。忠贞的对象通常会指向伴侣、朋友、同事、团体、社会、国家、宗教以及精神信仰等，在对忠贞的实现中会始终充满着激烈的冲突和博弈。比如说出轨是对伴侣的不忠，这无可置疑。但在这个事件背后隐藏着他们想忠于自己的多重欲望，是在爱他人和爱自己之间作出的选择而已。所以说忠贞这个概念，一旦运行，就会伴随着人格的分裂。我们要做的是在被忠贞之后，要对他人及时准确地做出精神鼓励和情感补偿，这是必须要完成的一个心理平衡。

痛苦也是女性心理平衡的道具

维护心理平衡是女性共有的一种天赋和习惯。每当她们发现自己的生活过于平淡无味时，就会想方设法去打破这种平静，极力想改变现状，甚至不惜制造痛苦的幻觉来刺激自己，令平庸的生活有起伏感、有剧情效果。问题是大多数男人并不懂得女人这种心理变化，通常会理解成无事生非，无理取闹，会理直气壮地去打击压抑女人的“痛苦”，甚至会充满着愤怒的情绪。但女人反而在这种对抗痛苦状态中能更细致地、明确地品尝到自我存在和自我亲近，在悲情中体会到超越现实的浪漫感觉。这也是缘于女性在潜意识里善于将自己置身于一个悲剧角色之中，以此获得一种柔弱的快感的心理情结。这并不是女人由于感性而生成诸多的痛苦，可能更多的是她们理性设计的结果。这种痛苦在理性操控下所产生的感觉，通常会不同于感性所带来的心理感受，会更刺激，更过瘾。她们甚至会非常欣赏和得意于自己这种精美的设计，在痛苦流程中痴迷、陶醉，在完成对自己的同情之际，也完成了对过往不满意的清算。但值得注意的是，痛苦就像是盐，在烹调生活这道菜时把握它的量尤为重要，所以不要玩过了，要有所控制，尽量减少痛苦的招数。男人们也要配合她们，要学习怎样妥善对待、处理女人这种周期性的特殊反应，提升应对能力，对女人的这种定势做出一个正确的解释，温柔地把握女人的状态，在适当的时机对她们的痛苦进行合理的调控。

好的生活是夸张的艺术行为

生活中的夸张可以解释为是艺术行为，是一种生活情趣的重要牵引，是人们关系中一道靓丽的颜色。它会将人的思想引出常规，使固化了的思维方式变形，以便去发现、挖掘现实中更多非常的东西。家庭缺少了夸张生活会显得枯燥，夫妻关系形成的冷感一定是他们将自己的个性牢牢地凝固在原本属性之内了。幸福的婚姻都是夸张的，他们懂得发掘和实施自己心理生活的优势，使生活充满活跃和幽默，拒绝浮躁和荒诞。夸张是一种学问，需要正确使用。它可能可爱也可能丑陋；是光明，也可能是黑暗。

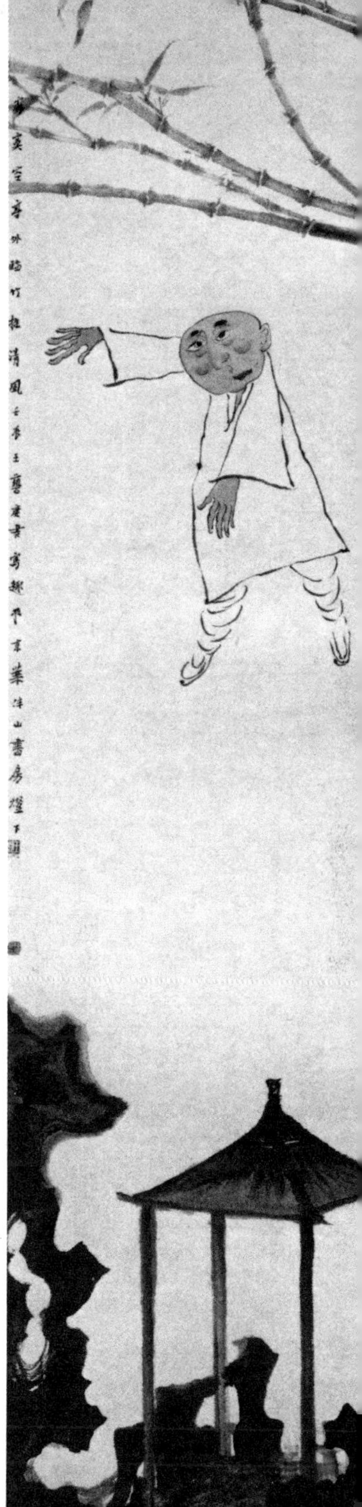

情感环保与自然环保

我们常常高调地去关注自然环保问题，却忽略了情感环保是最重要的环保。它们的排列次序应该是情感环保在前，自然环保在后。如果我们不在关注自然环保的同时也关注情感环保，人类同样会为这滞后的环保意识付出惨重的代价。人类情感目前受伤害的程度往往要高于人们对自然环保的破坏。关注情感亦是关注世界。

精神会使人上瘾

精神会使人上瘾。当人开始决定对精神有所追求时，他的内心世界一定是开放的状态，本身也会充满着幸福与喜悦情绪，并由此会引发出强烈的责任心和使命感。人们不会为了物质利益或其它形而下的东西而放弃自己的生命。但是为了精神，为了形而上的追求却可以英勇就义。对他人思想和精神的覆盖力量是人世间最大的力量。一个家庭结构的稳定系数往往取决于丈夫对妻子的精神覆盖程度。

不能接纳别人的原因

不能接纳别人，首先是不能接纳自己使然，追其根源主要是来自童年不被他人欣赏和承认。这些人要及早从儿时不愉快的制约中跳跃出来，接受自己生命的经历，用成年人的视角重新看待曾经的过往，看到那种严苛并非是生命中的定理。允许自己不完美，才会对他人更宽容。把重点放在与他人交往中融洽美好的那个点，不必刻意和自己的问题较劲，带点幽默感，这样就会调整自己，就会拥有美好的亲密关系。

灾难与艺术

艺术家的责任不是去歌颂灾难的，而是将灾难上升为审美。艺术创作应该是寻找规律，然后在规律上进行创造，把小的思考汇合成一个大的精神，把小的悲伤收集成一个大的情怀。艺术作品创造主要源于逆境，真正感动人的地方并不是非常复杂的场面，而是在于微小的细节之中的特殊发现。家庭艺术也是如此。

女人不易脱离恋爱烦恼的原因

女人一生都在渴望真情，也在用一生的时间去怀疑真情。真情与情感是相互关联的，当不靠谱的情感发生变质时，不稳定的真情也会随之枯萎。女人的爱是将自己的心和一个男人的心拴在一起跑步，那颗心经常在不同速度的奔跑中被撕扯。男人恋爱的兴趣更多的是投向女人的身体，而女人关注点通常是在男人的社会地位。人的表象容易识别，但人的社会地位却很难全面了解，这种不同角度决定了男人很容易瞄准女人，而女人却很难看准男人。这是女人在恋爱问题上经常烦恼的原因。

婚姻的天平

婚姻从形式上看是两个人的，但在个体心理感受上却是一个人的，也就是通常说的“我的就是你的，你是我的唯一”。但这种认知会带来婚姻上的主观性和权威性，会造成对生活情调的侵犯。高品质的婚姻状态应是两个人在相敬如宾、相亲相爱的基础上各自保持着精神上的独立性，不追求裸露的透明，习惯在黑暗中并肩行走，靠心灵去感应，去互动，形成良性的行为默契。不要因为有了爱就把正常的沟通省略了，不要随意给对方创造疑问和考验。因为一旦信任被打破，天真就会被打破，平衡就会被打破。

婚礼仪式感的意义

每每看到街上的婚车，我都会自然地给他们送去祝福，行注目礼。次数多了，我也在想婚礼到底是什么？其实婚礼并不是一个简单的庆典，她的真正隐喻是我们在其中对生命中的一个重要的仪式感的体验。这种体验不单单是新郎新娘所拥有的，也包括他们的父母、家人，以及在场的所有人共同分享的。在这里，除了共同见证新郎新娘这美好时刻之外，更深层次的是他们在完成这一套仪式的过程中，同时也完成了对自己及对方生命信念的尊重。对人生中这个重要细节的放大，并体会内心深处的感受，也为他们未来的生命提供了一个参照体系。他们应该在这个仪式之后，主动去消除自身的个体性，将个体意识、个体人格消融到两个人的集体人格中，也就是说从今以后他们已不再是两个简单的独立个体了。

缘与爱

佛家说前世的五百次回眸，才换来今生擦肩而过，他们还说百年修来同船渡。在茫茫人海中，新郎新娘能在今生今世走到一起，相亲相爱，同枕共眠，这是天大的缘分，是一个神秘的结合，也是他们的宿命，他们必须理所当然去尊重这一命运的安排。婚礼那一天是新人们真正的独立日，从那天开始他们才是在精神层面获得实际意义上的断奶。从那天开始，他们不单单是儿子、女儿，他们也是丈夫、妻子，女婿、儿媳，将来还要做父亲、母亲。在这种角色转换过程同时，他们不光是要给对方一个爱的承诺，也应该开始提升他们的责任感，拓展他们爱的范围，以及加深他们对孝道的理解。这也是他们在仪式中要做出的庄严宣誓！

恩在前爱在后

常说夫妻恩爱，为什么恩在前爱在后？这是因为在婚后，恩大于爱，在唯心层面上对生活更具有决定性。在这之前，他们已经完成了上半截的相爱，那是他们最甜蜜的时光，那也是上天平均分给每个人的糖果。那时，他们用激情、气质、能力以及两个人有意展现出的一切美好部分来表现自己，那是形而上的爱。而婚姻是两个人的下半截，这里面大多包括家务、上下班、日常琐事、人生繁杂以及两个人不经意暴露的负面部分，这时是形而下的婚姻。婚姻的上半截，人们凭借自身的本能、荷尔蒙即可快乐自然流畅地完成这个阶段，这个时候通常是由爱而生产出恩。而在婚姻下半截，人们必须依靠良好的品格和修养、完整的人性以及正确的鼓励和不断的鞭策，才能真正走完全过程，这时往往是需要靠不断积累的恩来浇灌爱。他们将来的幸福并不在于它的形而上部分有多美妙，反而在于形而下的部分有多结实。当然，这取决于他们是否学会了长久爱的方法，是否努力地让自己成为一个好的对象。从哲学意义上来讲，因为两个人相爱，他们就开始背负着人性脆弱复杂的生命交集。所以，婚礼这一天也是他们入学的仪式。他们就像小学生刚刚开始上学，必须要做一份长长的功课，而这是值得做的一份功课。爱是感恩的礼物，爱是最好的修行，爱是借由伴侣来反观自己，是自我了解和修正的过程。爱不是目的，而是优化生命的过程，从中看到自己的盲点和软弱，从而找到脱胎换骨的起点，而这个盲点单靠自我的执着是很难突破和蜕变的。

夫妻之爱的双向性

爱不是彼此的凝视，而是同看一个方向。如果不能给予对方信任，就会发现生活中没有任何一件事情是你能够信任的。生活的幸福往往不是被致命的错误扼杀的，而是被不断重复的小错一点点分解掉。父母和儿女之间的爱可以是单向的，不求回报。夫妻之间的爱具有双向性的特征，需要等值等价的公平交换，需要礼尚往来。只要是两个人共存在一个空间里，那么在这个问题上就要做出正确的思考，这是必须的。这也是爱的实践，通过这些小爱的不断积累，就必然走向大爱的圣殿。那时就会发现在这种大爱的指引下，人们自然地会用更开阔的眼光去看待自己所爱的对象，会主动地超越个人的极限，去培育内心特殊的慈悲，会自觉地增强对困难的忍受能力，对情绪的控制能力，享受那种付出和奉献的感觉。这也是人生一个完整的训练，是对灵魂提升的必经之路。

妻子的直觉和丈夫的包容

能够尊重妻子直觉的丈夫才是成熟的丈夫，能够感激丈夫包容的妻子才叫智慧的妻子。这个道理告诉我们，做丈夫的不能太大丈夫，太粗犷了，活儿应该细一点，要体会和配合女人的心理特点。做妻子的如果能对丈夫的大度适时做出积极的反应，那就自然会鼓励他自觉地去创造更大的家庭心理空间。还有一个通常容易被忽略的生活行为，那就是妻子对丈夫的鼓励和赞美胜

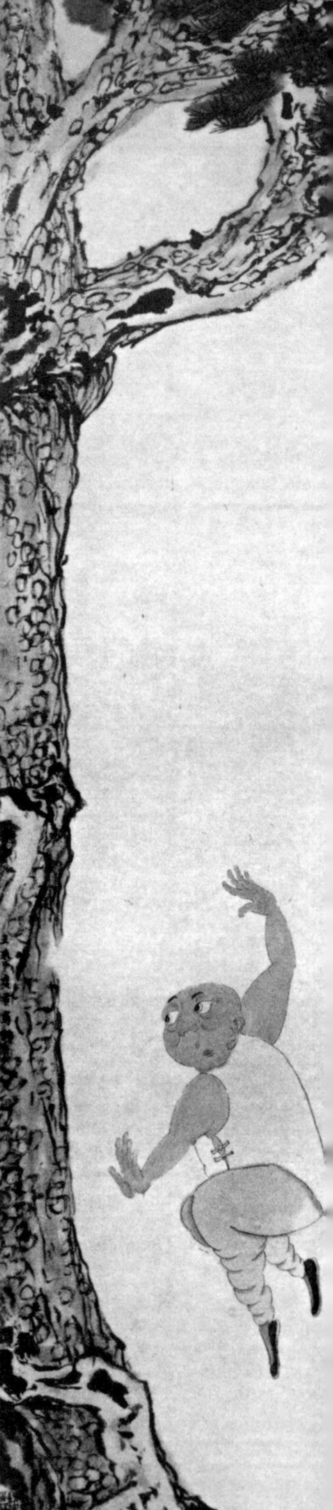

于对他的关心，而丈夫对妻子的关心和疼爱重于对她的承诺。原理是男人被关心只是形式上的变化，从母亲那里走到了妻子这边，意义上大致相同。而心灵被呵护、被管理的感受却是母亲与妻子这两个女人之间无法替代，完全是在两个不同的操作平台，这对男人更具有接受力。丈夫对责任的承诺可能一辈子都用不上一次，或者说这根本就不是用语言来表达的事。那么剩下的只能对妻子用日常细致的关心和疼爱来不断去证明它了，同时也为她创造了幸福的生命。这样彼此就都快乐了，只有真正快乐的男人，才能带给女人真正的快乐，反之亦然。爱的真谛并不单单爱对方你所喜欢的那个好，而是更多地包容你所不喜欢的、甚至是糟糕的那部分的东西，并给予帮助和修复。如果婚前在父母的庇荫下还是个小男人的话，那么只有在婚姻的锻造中才有成为大男人的可能。在这一点上，妻子就要发挥至关重要的催化作用。婚前双方在性格表现上可能会处于边缘化状态，或过于阳刚，或过于阴柔。那么在婚后，彼此就应该各自朝对方走去，将原始的性格特点逐渐地转化，达到中间理想的平衡点。如果说婚前的爱是批发形式的，凭“让我一次爱个够”的蛮力，那么婚后就应该改为零售式的，懂得“只爱一点点”的精妙。

小气不是女人的错误

女性心灵空间相对狭小，使她们比男性感受到了更多更大的压力。商场购物能为她们减压，释放或缓解不良情绪，这是因为商店里的气场和信息能将女人的心灵空间扩大填充。小气是上帝为女人设计的一种程序。小气不是女人的错误，而是女性的特征。

眼神中的情感辐射

男女之间相互打动内心的是那些只可意会不可言传的东西，是那种不可量化的生动，是让人遐思和幻想的微笑和眼神。眼神是一个人对他人最有穿透力的情感辐射，不在于眼睛大小、单双或什么颜色，而是在那迷人的目光里饱含着非常丰富的内涵，包括等待、接纳、企盼、要求、自卫、撒娇、赞美、欣赏、认可、鼓励、崇拜等等，当然也可以传送相反的内容。好的眼神可以让对方自动放弃抵抗，心甘情愿成为他人的俘虏。

信任与背叛

信任不是个体之间的一种情绪往来，而是一个系统性的运作。不信任产生的循环是系统的不信任，信任所产生的循环则是系统的信任。这是因为如果我们对一个人有信任感，那它产生的积极效应不只在对方身上的显现，还会令对方对下一个体产生信任传递。这样社会就会自我修补，自动搭建成一个良性循环的系统，也可称之为信任循环圈。任何一个不信任的穿越，都会对整体信任链条产生破坏，严重的话会断裂，而重新焊接要花费更多的社会成本和心理代价。信任有相当的危险性，如果信任遭到背叛，就会丧失信任，也意味着受到了伤害。但无论如何，信任都需要被鼓励、被支持，因为它是所有关系中不可缺失的基石，我们无法逃避。只要相信良知、慈悲、廉耻、责任、使命、道德等会约束我们的行为，并成为人类意识形态永恒的主流，只要相信光明会战胜黑暗，正义会压倒邪恶，信任就永远都在。一个人对他人不可或缺的需求性，也是重建互信关系的根本性的原始驱动，所以它永远都在循环运动之中。

女人的精神独立所兑换的价值

为什么总是要强调女人一定要在精神上实现独立，这是因为男女双方精神上的平等是迫使男人对女人尊敬的关键条件。一个女人的精神状态是她们最直接、最本质和最核心的表现，是女性本体的文化图腾。精神的富有和独立会使女人充满着魅力以及亲善力和穿透力，有极强的征服力量，也会帮助她们培养和提升核心价值和可贵的素质。只有当女人的可爱达到男人自己所设的标准，他们才会倾心，才会动情，才会为自己的女人给出一个合适的价值定位。女人真正的解放不光是有一个好的社会职业，拥有一定的经济基础，也不只是读书学习，而是在此基础之上完成的精神发展，并使之与男人构成平等和谐的关系，否则再怎么努力还是摆脱不了附庸的角色。智慧的女人不会去痴想男人的好，她们知道精神的独立自然会使自己可爱，那时男人才会来按值爱你。但以上所阐述的独立精神与通常所说的男女平等是截然不同的两码事，那是政治宣传口号，在生活中它并不真实。男女之间由于生理结构和心理结构的不同以及社会分工和社会定位的差异，就决定了他们必然有前后、主次的区别。从心理层面上来讲，女性对情感是有依赖性，并视为生命中最重要的成果和形态，作为终身的追求和依靠。这相对与男性关系上来说，是短板，是软肋。既然如此，女人们就不要被政治所蒙蔽和驱动，不去追求绝对平等，只求精神的相对独立即可。

女人对婚姻的适度想象

女人一旦对婚姻爱情进行无限放大和想象，心中就必定生起与生命同在的满腔豪情。这种“人在阵地在”的决死劲头自然会导致她们自身精神系统的混乱和无序，无缘会多添了些紧张、狭隘和恐惧。在恋爱问题上总是会前思后想，问来问去，对自己的信任减弱。她们特别在乎同性朋友的看法，问题是这些朋友良莠不齐，有的真的是好朋友，有的可能是嫉妒者甚至潜在的情敌。所回馈的信息非左即右，很难贡献统一的具有建设性的意见。婚姻纯属是自己的事，它与公共事务不同。公共事务需要考虑到合伙人或集体的意志和意见，要在自我与合作者之间寻求平衡。而婚姻却只需在乎个人的感受和感觉，更多人的参与，只能是把事情越搅越乱，本来挺简单的事情会不断复杂起来，严重的会导致关系的毁坏。另外，正确的人生态度是不会轻易对某个事件和他人，用血缘伦理或道德角度来评判和定性，更多的应该是从生理角度去理解审视所有现象，包括婚姻。这样能更客观、全面和更人性地把握婚姻的本质，才能有一个相对合情合理的正确判断和应对。

男人永远都是孩子

男人永远都是孩子，即使是成熟的男人，他们在自己所爱的女人面前首先表现的是孩子气，然后才会进入情人角色。男人在征服女人的同时，又需要女人有一种淡淡的母爱。他们相信只有在这种状态下，才能真正体验到自己既伟大又安全。男人一般都不喜欢自以为是、自作聪明的女人，女人的能干和美貌不是他们最后的关键标准。他们更不能接受女人把自己当成对手，这样会使他们产生极度的不适。女人最终欲获得爱情，就要学习并习惯把她所爱的男人当成小孩，怀揣一颗童心和爱心去与他真诚地、傻傻地相处，不断给他讲述新的童话故事，不停地编造出新的、迷人的魔术变幻。男人本质上是乖巧顺从的，潜意识里有接受领导，服从命令的意愿。只要女人不把他们掐得喘不过气来，他们不一定要破网而逃，另觅他乡。不管是粗糙还是细腻的男人，他们都会寻求相对大的情感空间来选择落脚和搭窝，而这空间的大小取决于女人的心量和智慧。

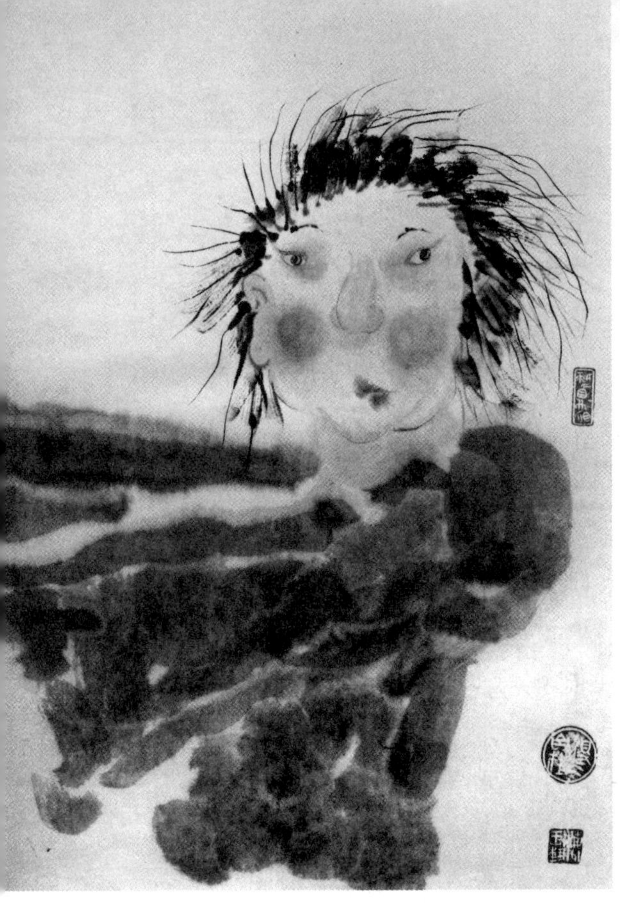

女性的过度操劳和情绪的关联

适度地把握操劳的尺度是女人生活的技巧，是一门学问。女人一旦感觉到累了，那主要是来自于心理上的厌倦而不是生理上的疲惫，女人的思变都是由劳累所引发的。完全不累的女人一定是散漫无序，心灵空荡，缺失想法和目标，精神不作为。这种心灵的空虚会给她们带来无望，就像在宇宙中失去声音的条件，绝对的安静带给人的恐惧和压力比适当的噪音来得更可怕。理性智慧的女人通过操劳来实现自己的价值，她们将此转换为心理的一种需要和对充实的添补，视为改变现状必须付出的学费。适当的劳作给人舒心的压力，从中体验到生存的意义，而过分操劳则会摧毁自己。

自我喜欢是一种美满的情绪

心理学认为无论爱或感情，还是人的其它情绪，均是由我们自己内心投注而成。人之所以能接收到对方喜欢自己的信号，主要是因为自己心中存有欢喜，否则不管他人如何在意或努力也都不会有什么察觉。人一旦喜欢自己就不会形成对自己的伤害，这种自我喜欢是一种美满的情绪，是对自我的价值认定，是与生命牢固的结盟，是对自己彻底的忠诚。自我喜欢过度会形成自恋，即使这样也没什么大不了的。情爱的白日梦可以解释成是生命节能的行为，对他人的想入非非并不会影响和妨碍一个人生活的情感与情趣。但如果过分习惯幻想别人喜欢自己，则是一种心理疾病，会引发心理痛苦，这是人际不安全的外显。

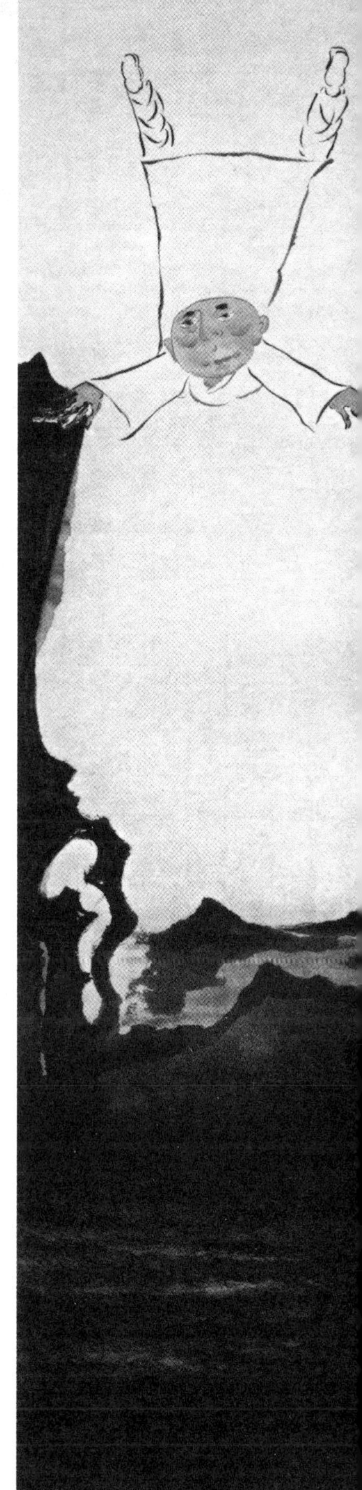

牛 × 时光与傻 × 岁月

青梅竹马是人们对两性之间爱的最纯粹的欣赏和赞美，懵懂的青少年时光是我们在渐行渐远的路上永远都要回望的风景。再多各自牛 × 的时光，也比不上一起傻 × 的岁月。这既是一种怀旧的素描，也是在提示我们要去认真拾捡起那些不能再回来的过去。那是原始的纯真,是生命最鲜活的体验,是灵性的边界触摸,是上苍留给我们一生都可以品尝的糖果。虽然这些东西是过往岁月中不经意留刻下的细小片段，却可以成为未来生命中非常有分量的助力和有丰富元素的营养,将会在我们生命最后一部分时段里，充当生命回顾的重要场景，成为生命在走向最终围合那一刻时美好的陪伴。我们不要忽视了对它的使用，也不能淡化了对它的记忆，更不能放弃了对它的精神意义的提取。它可以成为我们思考的资源和思考的起点，这种伤感的别离会唤醒对以后的生活品质更高尚的追求，对生命更深切的珍视。这是上苍用心地为人类做出的重要设计和安排，会在我们未来复杂的人生中经历悲苦和痛楚时给予精神的贴补和鼓励，它最强大的安慰是：我们曾经有过。

诗化的人生

艺术可以把人诗化，诗化之后的人生会更浪漫，更多彩，会走向纯粹，在自我享受和陶醉之后，仍然能自然着地恢复清醒的生命状态。爱情能把人神化，变得完美和高大，并按照自我内心的愿望塑造他人，然后再去追求那个人。可是爱情的气化会使人辨别不清他们所真正热爱与追求的是不是真实的那个人，到头来只是个人的愿望，它不能让人陶醉之后完整地回落。爱了不等于终身相许，再炽热的爱也会冷却。经过淬火之后的爱情则完全改变了性质，继而会报复先前的炽热甚至是一种彻底的清算，将原先正常的情感曲线认定为变心的踪迹，不能理性地理解当初的相爱和如今不爱都是对的。当初他们误解了对方，如今他们又继续误解了对方。

大爸爸和大妈妈

在法语中，爷爷、姥爷、奶奶、姥姥被称谓为大爸爸和大妈妈。当一个女性在成为奶奶、姥姥的同时，心理上会有相对的变化，会自觉检讨自己曾经是年轻妈妈时杂务缠身、忙忙碌碌，对儿女有些关心照料不够而产生一种反省自己的心态。而她们在充当了奶奶、姥姥这个崭新角色时，也是在进入第二母亲期并弥补以往的过失和遗憾。同理，爷爷、姥爷也是在扮演大爸爸，在第二父亲期里尽职尽责，精细地执行父亲的所有职责，会比大妈妈表现得更加细腻和专心。

互尊中映现的夫妻关系

夫妻之间的尊严是在互尊中映现的，在看重自己的尊严之前，首先放大对方的尊严，并对自己的尊严适当地有所收敛，这是一个必要的退让和托举。当你向对面的人鞠躬，表现你的谦卑和恭敬，也是在证明自己是对方的贵客。这种互尊如镜内镜外，这样夫妻之间就更能自觉地避让争执，主动地去补足对方的期待和要求，这是一个关键的概念。夫妻之间尊重不太容易做到，特别是女性的分享性很强。但是分享性稍微一出来，男人就会觉得你想把这个东西强加给他。大多数家庭的裂缝都是先由互尊开始而引发出争论。但十有八九，争论的结果是双方比以前更相信自己绝对正确，继而逐渐形成了家庭中的对立堡垒，最后成了绝对的分裂。夫妻关系也是随相互心智的博弈而不断变化，其中一个最巧妙也是最难得，就是怎样可以在不自由中寻找自由，在自由中设置不自由。

家庭中的个人距离

家庭是我们生活环境的最后一个角落和栖息地，如果一旦出现问题，它就不像我们处在社会环境中那样可以躲避和逃离，家就会变成了一个不能脱身的死角，在那里面承受委屈和痛苦。在社会层面上，我们可以建造一个强有力的个人界限，来保护我们远离那些刁难、攻击、折磨或浪费我们时间的人。而在家庭中，可能正是我们的爱侣、父母、兄弟姐妹们，会频繁地、理直气壮地、不合时宜地贬低我们，提醒我们的失败，不时地随意增加我们的负疚感，接受无休止的诉苦和抱怨，不情愿地吞咽各种垃圾和污秽，甚至还要忍受将他人的失败完全归咎于自己，欢天喜地去接纳只索取不回报的亲人。所以作为家庭的任何一个角色，都需要自觉、自律、自省，不管持有何种身份，都没有理由去破坏所有家人建立的互助保险体系。人类的文明是由无数个家庭文明组合而成，这是我们每个人仅能坚守的最后防线，突破了它，也就意味着我们将走向黑暗。

人与人的界限

人与人之间是需要界限的，而这个界限是保持在互尊的一个标尺上。将界限设置在一个使双方都感觉舒适的水平上，这是重要的关系平衡。界限不清会使人变得脆弱，被人想当然，被人误解，也容易被对方虐待或伤害，同时还会吸引那些想利用你的人。强有力的个人界限，不但能使你产生吸引力，也会吸引那些尊敬和在乎自己的人。夫妻关系同理。

生命的相互赠予和托付

有一个道理很简单，就是一个人如果是为自己而活着，那么生活中其他的人很容易成为你的敌人和对手。倘若一个人是为别人活着，想方设法地去活出人生意义来，那么他周边的人就可能成为朋友或至交。在两个人的家庭世界里，这个问题上就显现得更加突出和敏感。如果双方能将各自的生命做一次相互的赠予和托付，那则是最高境界的存活和超常的生命智慧。

仁与善

古训里提到过的仁、义、礼、智、信，为什么是把“仁”放在第一位？其实“仁”是一个人在真诚时所感受的内在力量，而这力量又时时在召唤着良知，激发慈悲情绪，鼓励人们去践行、去行善。善也是我们与他人之间适当关系的实现。所以，如果能将“仁”镶嵌在家庭生命的主体里，那么“善”必然在此会大行其道。

信任在使用上的差异

无论是在社会还是家庭中，不存在绝对值得信任的人和事，只要有信任就必然伴随着一定程度的风险，这是我们所有的人不得不面对的一个生活命题。倘若处理不当，习惯性猜疑和不当的否定就将成为生活的主旋律，直接影响生命的走向，这一切取决于个体的心理成熟的状态。心理相对健康的人会模糊处理这一问题，他们只要有大部分的把握就会选择完全信任，并在此基础上做该做的事情。相反，心理不那么健康的人，则会过分看重事物没有把握的那极小的部分，并将此无限放大，积极进行负向求证，不断偏离事件真相，使行为变得迟疑不定，患得患失，无法做出较正确的判断和决定。

爱情是以自爱为前提

爱情是一个被高频率使用的词汇，在热恋中下的定义容易轻率，在不爱后下的定义容易刻薄。它是一个模糊和不确定的概念，不停地在我们面前摇头晃脑，使我们不断地被提示，又不断地迷失，以至于在对它的理解和运用上表现得十分盲目和偏颇。爱情准确的表现首先是以自爱为前提，如果缺乏自爱，就会不惜一切代价去爱，不计成本地追求。在这似乎富有奉献精神的背后其实是掩藏着对于被爱的巨大需求，并且这种需求可能永远都不会满足。他们在期待一种无条件爱的同时，也顺带把他人对自己的爱不断置于考验之中，不停地对他人进行精神拷问，同时也会使自己产生无意识的恐惧，永远不确定自己是不是真的被人爱着。这种现象本质上来说是一种潜意识的选择，它的基础是一种欺骗的关系。自爱的缺乏也会引起对他人能力的质疑。

自恋的积极意义

“自恋”往往被我们的文化界定在贬义词区域，是被用来否定和嘲讽他人的口语。实质上，自恋应该是生活中所持有的各种信念较关键部分。这种功能的原始起源是在与父母的关系中建立起来，然后在与家庭其他成员和社会众多人的关系中逐渐完善。自恋就是正确地去爱自己，听见自己的心声，知道自己想要什么，并努力去成全它们。只有在这个时候，心才能真实触摸到世界深刻的一面。所以也可以这么说，教会孩子自恋，然后再自然地向自爱完整过渡，是我们能给予他们最好的礼物。

自恋与自爱

自恋和自爱是基因比较接近的一对孪生姐妹。自恋强调的是自我认同感和存在感，而自爱则源自善意和尊严。这是个体的人格和品质建造的先行条件，它的原始状态是否完整和正确并不重要。因为人一般都会有后天自行修补能力，在不断的适应和使用中逐渐趋于完善。缺乏自爱的人表现为不自信、多疑、不信任他人等，会直接导致与他人关系要么是占有和支配关系，要么是施虐与受虐的关系，要么是对爱提出苛求要求，要么是拒绝爱。他们获取多少都会觉得不够，让输出者无所适从，对自己的奉献和付出是否值得产生了怀疑，直到最后失去耐心和希望而放弃。所以当一个人缺乏适度的自恋和自爱的时候，会觉得自己给予别人的东西不具备对方要求的价值和意义，自己是贫乏的，并会在付出之后，潜意识中觉得自己拥有的东西更少了。因此，我们必须先行自恋再自爱，否则就没有能力去爱别人，况且我们需要别人爱自己。从孩提时由父母帮助我们建立的自恋，到后来我们根据自身的境界打造出的自爱，基本上就决定了我们今后人生乐章的曲调。

在意别人与尊重自己

有一个社会基本伦理，就是要求自己的言行不能影响到他人的感受和利益。这种人表面上可以解释他们十分在意和尊重别人的存在，但同时也表明他们十分看重自己的想法和观点。他们认为对自己的坦诚就是对他人的坦诚，就会赢得尊重，这样的人无论在伦理上还是心理上都具有优越感。东方文化比较推崇在意他人，克己复礼。西方文化则比较注重自我实现，认为个性和精神主张是人的基本权利。正确的途径应该是在意别人与尊重自我之间寻找适合自己的方式，不偏激，不极端。原则性的决定靠自己感觉和判断，其他枝节和技术性问题就多考虑他人的意见，这样就会完成了既在意别人又尊重自己的设计。

危险的母亲角色

在一起生活久了，尤其又有了孩子以后，女人会不自觉地在大小人之间扮演着母亲的角色。这是一个危险的信号，是家庭婚姻的一个陷阱。母亲这个角色必然会驱动和增加她们的强权意识和控制监管的欲望，这时对面那个男人只能以示弱的方式才能找到自己的心理位置。时间久了，原先比较松弛和谐的关系会向单方面压抑关系转化，不满和怨恨相互交织，最后演变成愤怒，并会通过对妻子的迂回攻击来进行释放。

幸福的设计

幸福的家庭生活含义有很多，比较清晰明了的就是夫妻双方用激情和幻想共同编织未来，然后开始对它远征，这是一种旅行的态度。而持有这种态度会使人专注，善于品尝和分享所有的收获，对美有敏感性，会激发互助和担当的冲动，比平常更能表现忍受和包容的能力，警惕枝节小事对主题的破坏。所以说，追求的幸福不是要到达的终点，而是在路上对每个规定细节的完成，不过分强调目的性，不把希望变质成负担和累赘，更多地去关注心理的满足。从某种角度上来看，幸福的活着，也就是不抱着太大的希望地活着。

人生的规定动作

对任何概念和定义进行哲学性思考和批判，应该成为我们人生必须完成的规定动作。比如说我们很容易放过对“自信”这个词的深度考量，但仔细分析后你就会发现，自信虽然归属于人性的光明面的描述，但如果一个事物有了光亮，那就必然有阴影相随。而自卑就是自信的阴影，光明面越大的人阴影也自然就越大。再比如说，在所有与人的关系中，我们自然会根据重视和轻视程度有不同的处理态度，有不同的心理定位。这亦是在告诫我们人是不存在真实的自我，只有关系中的我。从这个角度看过去，我们也就会在仰望高耸的参天大树的时候，不光是赞叹它的伟岸和巍峨，同时也自然会看到深植于地下那部分的黑暗。这种哲学的思考可以让我们直观事件的本相。

恋爱需要考虑母亲的感觉

女人在出嫁这件事上，母亲的欲望和热情远远大于父亲。父亲把女儿视为自己的一部分，对女儿的情感是相当坚固的，对女婿的挑剔也是从骨子里发出来的。母亲则不同，往往在女儿身上得不到的东西，她们渴望从女婿那儿贴补回来。所以，在恋爱中需要考虑母亲的感觉。

信任表现的是能力而不是态度

信任表现的是能力而不是态度。从本质上来说，一个人对外界的人和事的信任是其对自己的信任向外投射的结果。信任本身具有赌博的属性，信任了某人的同时也就意味着放弃了对他的监视、控制和警惕，这也是一种健康的冒险。那些敢于冒险的人心理健康程度要相对高一些，或者说这样的人较包容和宽厚。在不断信任的过程关系中也会使人格得到滋养和提升。善于将信任托付他人，说明这个人相信人们的自然倾向是被主流社会所吸纳和接受的，不相信一个人会心甘情愿去做反社会、反道德的事情。

情绪的合理出口

在人的精神循环系统中有两个情绪出口，一个是正能量出口，一个是负能量出口。每天人的情绪必须经由其中一个出口向外排泄，就像定时要大小便那样正常。如果一个男人的精神境界不能覆盖住女人，那也就意味着女人的大部分情绪可能会以负能量形式排出，夫妻关系就很难走完全程或婚姻处于不幸福状态。家庭所产生的纠纷和争执一定不是那个事件的本身，而是先前诸多不快积累到不愿再忍受下去的时候，然后找到一个理由，借助某个事件释放出来。如果女人能跟她的男人在精神上形成仰视角度的话，那么对那个男人的精神崇拜所形成的力量会消化很多不良情绪，从根本上对同一事件有截然不同的理解和对待，将情绪转化为正的能量形态输出。所以，一个男人不单在物质层面上要做家庭的依靠，在精神架构上也要完成对家庭成员的支撑和引导。否则一旦女人的精神主张得不到支持、鼓励和伸张，她们就会自觉地转换为一种心痛和遗憾，这也是抵制及不配合的主要理由。

学会向坏的事情告别

一个人只有怀抱敢于放下的精神准备，才有进步的可能。如果想让自己的生活变得美好，首先要学会向坏的事情告别。如果不会告别，那么就遗忘。遗忘就是让曾经的都过去、略过，不让它们成为生活中的羁绊，进而专注精神的开发。世上很多东西都不会如我们所愿，如果得不到所爱的，那么就全身心地去爱我们所得的那些。用勇气去改变能改变的，用胸怀去接受不能改变的。

关系的有效缓冲

情侣之间纠结之一是幻想彼此的未来，却同时惦记着对方的过去。女人可以在利益下改变，男人则是在教训中成长。美丽让男人停下，智慧让男人留下。相爱的两个人最后总会感觉到他们的相逢不是恨晚，就是恨早。所以能让自己与自己相遇，是所有关系最有效的缓冲。你以前是什么样的人是上帝送给你的礼物。你以后是什么样子，那是你送给上帝的礼物。快乐的人不一定要最好，快乐的人是把所有的都看成是最好的。智慧的人通常是用自己无法保留的换取不愿失去的。

父爱的表现形式

父爱是不应该单独来表述的，它实质上是母爱的一个补充，是家庭爱的形态下的非主流现象。男人或许从未主动去思考过什么是父爱，大都是由外边的声音，主要是文学作品的声音的提醒，被动地去感受，而且时间维持很短暂。父爱可能本来就不是一个用语言来描述的情感，它更多的表现在具体的行为上，沉默、无言、有用，直观地表达人性。父爱不需要去鞭策、努力，是不能不做的事情，处于存在与不存在之间。“爱”这个词是和“柔软”有较强的关联度，比如说起母爱就显得自然、贴切。但父爱搭配在一起总觉得有点勉强，有被鼓励和被提示的嫌疑，这样的文化划分是客观合理的。但有一点是真的，母爱对孩子的影响决定了他们能否成为一个真正独立的人，而父爱则关乎孩子对生命的看法和人格的形成。父亲和儿女的关系是随着他们的长大而不断变化的。从心头肉、大玩具、宝贝、朋友一直在延伸下去。对父亲来说，尤其是女儿，体现了双重的神秘：一是小生命的生长，二是女人的形成，所以也就带来了双重的惊奇和快乐。但天下所有父爱的表现与母爱比较起来应该是欠缺和参差不齐的，是需要检讨和反思的。一个父亲能为孩子做的最好的事情就是好好地去爱她的妈妈。父亲的爱应该是在将慈悲、良知、责任、宽容、独立、坚强、承受、忍耐、廉耻、使命等品质向孩子传递的过程中逐渐完成的。在孩子疲惫时，父爱是一块歇脚的石头。在他们感到枯燥时，父爱是一湾生命之水。父爱是孩子们的心灵广场，是为孩子们做好全部的精神准备。父爱也是一面移动的旗帜，有时候会在孩子们的前面，为他们引领、召唤。有时候会在孩子们的后面，为他们做支撑，成为坚实的依靠。如果说母爱是推动摇篮的手，也是推动世界的手的话，那么父爱的表现将决定人类和民族的未来生态。

女人的浑沌

女人本身是浑沌的，这是男人必须永远要参与的生命公案。男人把生活当戏，所以处世不惊。女人把戏当作生活，所以看戏落泪。两性吸引是对另一种生命特质的追求，走在一起是缘分，在一起走是幸福。不要让自己的理智和感情赛跑，适得其反的是越克制理智，感情就越一路领先。人的基本性格难以改变，也不必刻意改变。性格本身无所谓好坏，关键在于正确地使用。

爱情的伪概念

文学作品常常把一个人对另一个人长久专注的思念作为美丽的情怀进行大肆夸张和渲染，而十年如一日强烈的朝思暮想，是不符合人性的描写。时间久了，不是走向精神崩溃就是生命在自我疗伤中逐渐淡忘，到头来所做的这些只是一个故事，一段笑话。维持这种思念的过程是要不断鞭策自己，将具体细节放大和美化，历数对方优点来说明自己之所以爱他，将自己的行为合理化。但这种行为不是正常的生活状态，它只是聚焦在人们精神高度集中的那一时段，时间久了，必然会变质、发霉。部分相加并不等于整体，这种哲学命题放在艺术与爱情上同样有效。

男人与女人的差异

不能要求丈夫既有孩子的眼神，又有父亲的能力。男人虽然长情，也会多情，于是就显得花心。女人专情，也会绝情，就显得冷酷。男人因性而生，女人为爱而活，所以男人和女人加起来就是“生活”。吵架就像抓痒，越抓越痒。吵架需要两个人，停止吵架只需要一个人。好有好的理由，不好没有理由。男人喜欢听话的女人，但若是喜欢上了这个女人，就会不知不觉听她的话了。好男人特征是跟大人在一起像个大人，跟孩子在一起像个孩子，跟狗在一起像条狗。

权力与爱

当爱支配一切时，权力就不存在了。当权力主宰一切时，爱就消失了，两者互为对方的影子。所以需警惕，不要将社会上的职务、地位、情绪和影响力不自觉地带到家庭中，否则就会失去放置心灵的安静场所，精神失去了舒展的空间。把家与社会这个立体化的生活结构变成平面，并在这个平面上始终保持站立姿势，最终会使身心全面走向疲惫。如果一个人在社会生活中戴着面具，回到家里又穿上盔甲，婚姻就成了人与人对峙的战场。

双人模式的家庭思考

通常男人乐于将事业当成人生的全部，而女人则习惯将爱情视作是全部的人生。如此这般，他们都将永远品尝和触摸不到生命的全部。爱情是一种关系，它是在男女双方的基础上实现。以双人模式生活来思考家庭关系是女人天性，这种双重性深深根植于她们的精神深处，她们始终将生活和自我建设放置到伴侣关系里实现。由于男人的心理结构是自恋性的，关注点最终总是转向自身，其他关系都是附加性的，属于外在。所以他们普遍追求单人模式生活，这也是他们与女人之间在生活方式上的原则性差异。这种差异是正常的自然现象，问题是人们并没有认识到这个本质性的概念，都竭力地要求对方尊重自己的选择，接受自我的生活方式和属性,按照各自的标准来衡量对错。双人模式生活与单人模式生活的对立是所有家庭争端的最初始源头。智慧的男女会从初始的较量中逐渐改变自己，不再坚守各自的堡垒，双方都向对方走去，向中间走去，撇掉原先各自的男 1 和女 2，去争取合理的那个 1.5。在这个 1 和 2 的汇合中，1 的努力和调整对整个事态的发展要比 2 大得多。这是因为在走向中间的过程中，男人要开启潜意识里面的柔软和爱的意识。爱是女人的天性，她们在爱的能力上没有任何问题。而男人要学习爱，首要的条件是必须从容地接受自己女性的那一面，自如地与女性建立关系。这对于那些内心强大、情感丰富的男性容易做得到。相反缺乏自信和自我认同不足的男人，会誓死捍卫自己的大男人形象，难以真正进入与女性的关系中，始终游离于爱情之外。男人女性化属于潜意识范畴，是原始的冲动，没有思考转化的时间和空间。对爱说不清道不白，又不情愿深入思考和用语言来表述，或者说根本就懒得弄明白它，永远都处于浑沌状态，只能靠采取行动来完成一种模糊的表达。

女人的自我否定

当女人开始习惯性地自我否定，不接受自己的时候，大多是因为她们经常被对方否定或离弃。诸多的失败经验形成了巨大的精神挤压，转换成自我怀疑和否定的碎片。在这种状态下，她们就会急需找个人来爱自己，以弥补精神上的裂痕和空缺，在重新求证过程中获取安慰。这时的恋爱会充当不爱自己的替身，同时也会在感情判断上爱恨不明，情绪和爱欲混淆。只是因为需要，不问理由，拼命地表现，生怕自己有什么闪失。这不是平等的爱，而是取悦。如果分手后觉得更爱对方，没他就活不下去，这也不是爱情，是不甘心。然后你努力做人，一定要让别人看得起，这不是变强，而是恐惧。人的情绪一旦进入被控制的状态，只能抓住而不肯放弃，那就必然有如上种种表现。爱是感恩的礼物，借由伴侣来反观自己。我们不能因为另一半的失落而分裂成不完整的自我，这亦是缘于不懂自爱的堕落。

情绪的适当处理

情绪是人生命能量的一种正常的流转形式，也是重要的生存保护机制。任何情绪都要及时处理并得到充分释放，不宜将它转换或者储存。保持它的流动性就不会形成僵化，就不会被卡住，就不会伤及身体，就不会影响生活和人际关系。情绪无所谓好坏，只有适当与否。不过度、不大喜、不大怒、不大悲，否则都会伤身。能伤及到我们的情绪一定是我们没有能力处理的情绪。不能习惯性让自己处于的委屈状态，这样会对自身的精神建设产生破坏。如果一个人总能做背离个人意愿的事情，那么，他就会生成可以做任何坏事的潜在能力。

女人与珠宝

珠宝对年少的女性来说是一种约束，会觉得是对自由的一种控制。但成年女性则会对珠宝有一种更强烈、更准确的要求。这大概是因为女人在这个阶段尤其是生儿育女以后，首先突破纯情标准的限制，敢于大胆地展示性感和妩媚，张扬人性的各种欲望。而珠宝佩饰则会起到推波助澜的作用，帮助她们产生更有说服力的吸引效果。珠宝是女性对不断逝去年华的填充和修补，是对渐退的容颜的托衬和粉饰，是对过往产生的遗憾的救赎和补贴，是对未来物质意义的肯定和追求。对同性，它表现的是比较、警示、排他和自尊的效果。对异性则是以提醒、召唤、示好和邀请为主要目的。这些都是珠宝对女性产生心理暗示的实际表演。珠宝与女性之间更多的不是一种价值关系，而是一种心情关系。

现代人的婚姻困境

现代人的婚姻困境，就是无法在伴侣关系中，面对黄脸婆或猥琐老公时能继续保持舒坦和愉悦的心态。大部分夫妻常常通过责备和攻击来调整相互之间的亲密度和距离。或一方追寻亲密，另一方却回避亲密。或一方充满不满情绪，另一方却不停地给对方讲道理。或一方充当一个过度负责的父母身份，另一方又在扮演一个不配合的孩子角色。如此你来我去，你上我下，无休止的折腾之后，双方的权力意志受到严重挫伤，继而对爱情关系极度失望，又由于各种原因不能离婚，只能各自蹲在婚姻的死角，欲罢不能。这是大多数家庭标准的演变程序，一个清晰的错误路线图。我们要有所警惕，有所借鉴，尤其你是自恋并脆弱着。

悲痛既不虚伪，也并不可耻

我们一直都在被教育，要坚强，不要悲伤。其实这并不符合人性的正常流程。悲痛既不虚伪，也不可耻，尽管我们总跟别人说别哭。泪水是人以生理的形态将情感自然地流淌，是生理和心理的共同需求，它会让人跟自己的内心连接起来。抑制了它，就是阻碍不去做自己，不让自己进步。从科学层面上讲，快乐和喜悦有益于身体健康，从哲学角度看，悲伤和痛苦会帮助精神提升和发展。

两性的博弈

男女相处亦是双方心智和力量的博弈，在这里面往往充斥着太多祖辈的经验和重负。其他关系和意见的介入只会疏远彼此的距离，不易产生积极或建设性的效果。婚姻的难处在于是和对方的优点谈恋爱，却和他们的缺点一起生活。所产生一切现象都要靠自己去甄别和处理，任何外来的判断都不够准确和客观。男女之间的差异实在太大，从基因上来讲，男性偏向于物种的繁衍，女性则注重于物种的存活，这也决定了男人多情，女人专一。正确地认识自己和了解对方，用智慧去处理争端和博弈，将要求改为邀请，是送他人方便，也给了自己自由。

牺牲是精神成长的最低水平

长期不断地忍受煎熬和承担重负是生活的基本常态，相对而言，享受只是短暂的显现和停留，是对所有付出的一个奖赏。生活好比是个大熔炉，我们在那里面必须承受百炼这样一种持续的状态，成钢只是瞬间的突变。这是人生的基本设置，是天理，是信条。我们要主动接受和适应这个规律，将精神的成长和提升作为生命完善的第一元素。可以迂回，可以坚持，可以奉献，但避免做彻底的牺牲，因为牺牲是精神成长的最低水平。

精神需要化妆

真实灵动的情感和情趣是家庭生活的清风和花香，是流动的山溪，使爱情的家园充满恬静和生气。这就要求夫妻经过精神整理和化妆之后，不时地给予对方一个欢快的表演。忘记了这一点，双方的脸就会显得尴尬，甚至使婚姻沦为神经的聚会。爱是有寿命的，相爱即是彼此被对方深度催眠，最好的结果是两个人一起醒了。爱情走进婚姻后不外乎三种结果：沉淀、溶解和挥发。

懂得比爱和陪伴更重要

喜爱上某人，不是因为他给了你需要的东西，而是因为他给了你从未有过的感觉。信不过的不是爱情，而是人性。过不够的不是日子，而是人生。女人倘若希望他的男人是啥样子，最有效和最简单的方法就是把他夸成什么样。在两个人的世界里，懂得比爱和陪伴更重要。懂你的人会用你所需要的方式去爱你，爱得自如，你受得幸福。不懂你的人会用他所需要的方式去爱你，爱得吃力，你受得辛苦。

由爱情向亲情的跨越

处身于热烈的婚礼中，长辈们对他们未来不确定性的担忧往往要大于现实中的喜庆。看到孩子们在“喜”字前尽情地燃烧他们的热情，父母也同时会看到“喜”字背后的悲，这是一种不自觉的担忧。爱情可以经得起风雨，却受不了平淡。友情经得起平淡，却经受不起风雨。只有亲情才能完成风雨与平淡的检验，他们担心的是孩子们能否从友情、爱情完成向亲情的跨越。

不充当怀疑的牺牲品

虽然怀疑和信任是一个事件相对应的两个方面，但日常生活中我们对怀疑的使用远远大于信任，是我们习惯的一种心理行为。问题是怀疑了之后必须要有所为，而不能有所不为，否则就会充当怀疑的牺牲品，增加意想不到的损耗，会提升我们的心理成本。正确的态度是不把怀疑的着眼点放在特殊性上，而是要在普遍规律之下进行比较、判断、排除、甄别和裁决，最后获取相对准确的结论。往往在这个时候最期望、最满意的答案是难以出现的，可能次优解就是最优的选择。信任也是一种健康的冒险。

痛苦的翻转

人生的幸福主要源于自身的力量和特点所必备的一些优秀品质，包括善良、慈悲、创新、幽默、风趣、乐观、宽容、敬畏等等。幸福感较强的人对得到的东西有感受爱的能力，会感恩和珍惜，而不幸福的人主要关注点放在计较那些得不到的东西上。幸福在俯视中收获，痛苦在仰视中萌发。快乐的人习惯往后看，郁闷的人总是往前赶。连接幸福和痛苦的是过程，痛苦向幸福的转换只需将原先所有的价值观和信念翻转一下就可以了。

驯养和被驯养的关系

世界上的事物终其最后都是驯养和被驯养的关系。一旦建立了这种关系，那就谁都离不开谁，彼此间都可以不讲道理了。人与人、人与动物都是如此。人们相互之间能够说出来的原因都不是真正的原因，而是一种理由。比如两个恋人，如果其中一个想脱身，他的心理动机通常是不想让对方受到伤害。所以会夸大对方的优点，贬低自己，制造一些安慰给对方，有意无意地替自己开脱，把责任归于其他原因。语言是掩饰思想的，它存在一种自动合理化倾向。所以，人经常会无意识把自己放在一个合理的位置上，避免道德焦虑或内心伦理冲突对自己造成困扰和折磨。

生命的光环

当代科学已经揭示了人体外围有一圈宽约 15 毫米的光环。这些光环色彩绚丽，不同的人散发着不同光泽。只要用双花青染料涂刷玻璃屏即可看见。充满自信和爱的女人的光辉十分耀眼，温柔的女人的光辉也很明亮和柔和。而懦弱、缺少爱和自信的女人其光会显得灰暗。

痛苦的稀释

人为什么会痛苦？通常我们都会理解成是由于失去、打击、伤害、情绪干扰等外来的不测所造成的，这些确实是我们感受到痛苦的主要原因。但它只是一种表象，是事件的充分条件。而痛苦的必要条件，往往是因为我们对已发生的种种事件，总是执着于某个顽固的概念，并为它的合理存在而编造出很多理由来支撑它的真实性，并不断地演绎和论证，使自己无意识地循环在自我建立的痛苦系统之中。解决它的办法其实很简单，只要我们把痛苦背后的想法抽离出去，那么痛苦存在的基础就会自然消失，注意力和思维模式也会自动转换到其它平台做另类思考。痛苦的存在和对它的感受轻重完全取决于我们的选择，人之所以能高昂地维持自己喜悦的状态，是源于他们乐于以调皮式的态度对痛苦发出质问和怀疑，并不惜疲倦地将悲苦的情节改编成为自由和欢快的喜剧。他们也相信身外的一切人、事、物，全是自己想法的倒影，如此简单，不过如此。

生命的鲜活

鲜活的生命状态是女人成长的最高境界和实现，而不出彩的生活会把女人有限的青春碾得粉碎。年轻的女孩不会气馁，她们还可以在幻想中找到感觉。但对于成熟女人来说她们已经厌倦了幻想，能直接体会到的是生活的繁杂、具体和艰辛。她们需要的是能让自己灵魂颤动的男人，那才是一种真实而又完整的精神慰藉和情感的陶冶。哪怕是那么短暂，也会让她们长时间感受到美好和甜蜜。女人的天性是一个复杂的矛盾体，她们始终喜欢全方位的情绪包裹，清醒又懵懂。既要刺激，又要安全；既要被征服，又要被保护。只有在这种热闹的交织下，才会自认为找到幸福的存在感，否则她们总觉得没着落。特别是当她们认为感觉极度缺少的时候，疯狂购物就发生了。女人对男人的态度是需要多了解他而不必爱他，男人对女人的关系应该多爱她却别想了解她。

声音与爱情

男女的声音效果在相互关系的建设上充当重要的角色，决定着爱的吸引与和谐。声音是裸露的灵魂，是精神的鸣响。在声音传递的过程中，各种音阶进行无限的组合，随音频、音色和音量的不断变化，男女双方能细腻准确地接收到微小的情感变化，情绪波动的幅度，甜苦的轻重以及诚意的高低。好的声音是一种黏合剂，会使男女双方有效地结合，舒适地相贴。一个不适宜的声音会将双方的距离推远，会不自觉地排斥、对立和反感，会觉得自尊受到挑战，并会长久地记忆。声音的表达，包括人本身固有的声线质量和经加工处理后的音频效果。男人的低沉浑厚带有磁性的中音声带，对女性心扉的敲击非常有效，会使她们的情感加速集聚，同时做好主动接受交流的准备。女性的声音要体现出谦和、真诚、柔软，有吸引力，让男人接收声音同时自觉地丈量自己在女人心中的价值和地位，有拥抱的冲动。正确地去使用你的声音，别让它莫名其妙地把你绊倒。

无理性的自由

太多的传统教育和文化影响使我们过于理性，使我们的生活和精神思考表现得僵化、呆板。有条件的话就尽兴地去度过美好的片刻，太理智会导致不正常。让自己时而疯癫时而嬉闹，把狂野存放在心底，这会激发生命热情，使生活更加充满朝气。正是由于无理性的参与，我们才能够游戏，才能够放飞心情。不要被理智完全控制，这样我们无法从楼顶下来，走到地面上去。不要寄予下一次，下一次可能永远都不会来。

不能以成败论爱情

不以成败论人生是普遍能被接受的一个观点，但是否也不要以成败论爱情，这个命题是被我们所回避的。现实的残酷使爱情多半归于失败，或是败于难成眷属的无奈，或是输在终成眷属的厌倦。通常会认为这是一个终结，是一出悲剧，这显然是一种短视。如果我们将它放置到更大的定义域里分析它的意义的话，就会发现它只是一个段落。接续无奈的是永久的怀恋，连接厌倦的是更新的追求。爱情应该是高于成败的，是自由的梦想。既然是这样，无论成功的梦想还是失败的梦想都将会是美丽的呈现。

婚姻过的是习惯和性格

成亲是一个非常精准的婚姻用语，婚后的爱情必然向亲情全面转化。婚姻生活过的是习惯和性格，面对的就是柴米油盐酱醋茶，相互维系着彼此的信任和包容，风花雪月只是一种点缀和调剂。在亲情关系里，爱不需要说出来，大多是用心去感受。在以后的日子里彼此不停地搅拌，直到无法分开你我，白头偕老就成为了事实。

女人要学会取悦自己

女人如若彰显她的出色和价值，首先要取悦自己，对自己好，突出自己的特点。这不是自我或自私，是一种对自己和他人最起码的尊重。过于强调对他人的付出，就会让自己变得薄弱和单调。总是想着去取悦别人，在乎别人，就会显得卑微和低贱。女人拥有独立性，本身就说明了她的内心世界是相对完整的。在此之下，她们对待婚姻和爱情的态度，强调的是奉献而不是索取。她们乐于创造，喜于激发新的生机，善于享受和愉悦。女人的独立性与婚姻关系并不是冲突，反而更具有极强的建设性。独立性差的女人，包容性一定较弱，并总会认为丈夫一直在亏欠她，抱怨是她们生活的主旋律。

自我情绪的生成与演变

人的自我情绪表达一般是受制于他的父母曾经对待他的情绪应对方式。所以妥善、准确地对待我们孩子的情绪，也是在教授他们如何掌握情绪的智慧，形成一个完整、健康的人格。从心理学上来讲，孩子在三到四岁以前与双亲的经历决定他们以后的情感和行为。人在此之后还有两个补偿期，一个是恋爱，在疯狂的爱恋之中会让人重新获得另类的依恋和信任能力及饱满的自我存在感与幸福感。再就是在养育孩子的过程中，儿时未完成的那些情节会随着孩子的成长，自己内心的那个孩子也会同时成长。人总会遗憾曾经做过或没做过的事情，特别是失去弥补能力的时候。它会演变成回忆，不断地重复，不断强化，形成一种思维惯性。精神环保意识告诉我们，对已经发生的不必在意，相信一切的发生都有自在的意义。

男性在生物学上的缺陷

男性在生物学上具有缺陷感属性，渴望得到更多异性的爱是潜意识中的安全和征服的需求。所以作为男人，对自我欲望的克制和约束几乎贯穿生命的整个过程，是需要花费一生的努力来修行。生活中充满着诱惑和迷恋，能理性地约束自己，将它们化为彩虹，制作成回忆，那是一种高尚，是美德。有些人持有一种长久的控制力，那是他们将自我约束演变成了信仰。也有一些人会阶段性、部分的控制，那是他们价值观的选择。不管是哪一种，都要承认他们都曾努力过，都在人性上展示过他们的良知，要认同他们的道德底线。在此问题上不宜使用统一的标准，那会将关系打成死结，把道德逼进死角，使事态无解。纯粹理想的人性约束和控制是一个号召，是一种境界，是鼓励。我们在此问题上要使用一种灵活、开放、包容的心态去处理人性的本原，才会将关系引向正轨，才会使生命共同体有发展的空间。

婚姻的本质是各取所需

很多家庭的婚姻由开始的相亲相爱，过着过着两人就会进入仇视状态，各种矛盾、不满、不协调等成为婚姻的主旋律。但基于双方各自对婚姻关系的需求，时间久了会逐渐将这些尖锐的矛盾慢慢地化解。从本质上来说，婚姻并不是相亲相爱，而是各取所需。不要指望单单靠相亲相爱走完婚姻的全过程，它只是起润滑的作用。婚姻的选择亦是各自生活方式的选择。婚姻是个监视器，它记录着男人和女人各种行为的轨迹，各种内心的盘算、情感的波动、猜疑和愤怒等等，并将此投射到生活的方方面面。所以对待婚姻正确的态度，首先是要抛弃浪漫的幻想和追求，平实地面对生活中的琐事繁杂和人性较低矮的那部分，将对方的要求变成自己的要求，放下尊严，剔出个性，甚至面对背叛。

面子是男人的精神底裤

面子是男人的精神底裤，不给男人面子等于当众扒了他的底裤，让他裸奔。男人可以接受善意的批评，但不能接受无端的指责，可以忍受委屈，但不能忍受羞辱。

女性需要高质量的同性闺蜜

男女与同性的交往形式存在非常大的差异。男性之间的关系通常是建立在活动事件基础上的，包括工作、娱乐、体育活动等。在他们之间几乎听不到情感交流的语言，也很少聊私人生活的感受。但女性之间则采用完全不同的互动模式，她们主要体现的是在精神上相互取暖和拥抱，为对方提供解决压力和痛苦的方法和建议，积极参与她人的情感世界，乐于体验和分担对方的幸福和忧伤，高频率地交流感情，探讨感受和分享灵魂。这是她们的天性使然，也是生理和心理的冲动和需求。这种紧密接触和互动对她们是有益的、健康的运动。她们会在高质量的女友时间里创造更多的血清素，一种神经递质，可有助于防治抑郁症，并创造一个良好的自我感觉。女性若不能建立和保持高质量的同性之间的交流关系，对身体健康可能会有危害。

追求完美的意义

有些人在追求完美过程中感觉到很累，那是因为他们所追求的完美其实是攀比，是比较，是好胜，是为他人做的，或是因为压力不得不去追求所谓的完美。真正追求完美的人不可能累，会在向精神高点的攀爬中体会到心灵的宁静和安详，有皈依的宗教感，是在做灵魂上的救赎，是在追求生命的完整，是要把美的花朵种植在心田里，是自我能力的检验，是大爱的张扬，是为了生命的精彩而不留下遗憾的编织和填补。整个过程应该是充实的、冲动的、有力量的、有兴趣的、充满情怀和欲望的、有崇高感和使命感，并享受它的全部。对完美追求的意义不是结果而是过程，在不断修补由于自己的缺陷所造成与世界不合的缺陷的劳作中，实现了自己，完善了自己，解放了自己，也成就了自己。

能够培养的是习惯而不是爱情

无论是站在婚姻门槛里边还是外边的男男女女，要懂得一个道理，那就是能够慢慢培养的绝不是爱情，而是习惯。能够随着时间最后得到的，并不是感情而是感动。对所谓的爱，不要痴迷，不要过分专注，也不要终生去求索。它只是一个阶段性的礼物，有就有了，没有就是没有，不必强求。爱和婚姻根本就不是一回事，并不是只要有了爱情就必须要结婚，也不是有了婚姻就一定存在爱情。只有懂得和理解了这些，你才会处爱不惊，坦然地去应对生活中的林林总总。

人生观念的误区

如果我们站在人生观念的误区里，就会习惯性地把不属于痛苦的东西当作痛苦，把不属于忧伤的东西当作忧伤，把不属于悲哀的东西当作悲哀。这是因为我们普遍接受了痛苦大于快乐，忧伤大于欢喜，悲哀大于幸福的传统概念。同时又把原本该属于真正快乐、欢喜、幸福的东西看得很平淡。从心理感受程度上来讲，痛苦、忧伤和悲哀对人的内心撞击力度，确实要比快乐、欢喜和幸福来得更强烈和深刻。痛苦、忧伤和悲哀是坚硬而锐利的，而快乐、欢喜和幸福相对而言表现得柔软、温馨。但正是这种柔软和温馨，才能完成对我们心灵的包裹，才是我们维持生命的颤动的最初始的动力，是生命的本原。这也是外在的表象和内在实相的一种博弈和平衡，其结果取决于我们对待生命的态度和认知程度。人总是对得不到的东西很看重，其实最不愿意失去的东西才是最值得看重的。

独立的个体

每个人都是人世间独一无二存在的个体，拥有自己独立的尊严、独立的空间、独立的人格、独立的思想。没有谁比谁更幸运，也没有谁比谁更美满。人生在世，不过是跟着因缘走。拥有无须欢喜，因为拥有就可能意味着失去。没有也不必难过，此时才有机会有动力去获得。得失之间，无所谓好与坏，重要的是始终保持一颗心的自由自在。当你能够把世事无常看透，也就是你真正长大的时候。

经历与魅力

女人从静态上可以看到她的外表，从动态上直接领略到她的言行举止，从动静结合上则能窥视她的内涵，即思想、品德、才学和修养。女人的美和魅力完全可以超越年龄界限，相貌和金钱并不起决定性作用，关键是对经历的检讨和重新的集结。活得无趣，可能是把生活想象得太好。过于完美的想象，也反过来证明她所经历的一定不多。经历的缺失，也就必然导致活得无趣，形成了一个因为所以的无限循环，直到生命枯萎。

放大你的心量

有些人的性格内向、孤僻，不愿或不能真心与他们的亲人和朋友诚意地敞开心扉，做无障碍的交流，有强烈的孤寂感。内心储藏很多需要挑战和克服的障碍，不能及时清空库存，不能将自己很好地融入到整个社会中去。这可以理解为是人格的一种缺陷。这些人神经脆弱，经常在小我的痛苦中迷失了自己，心灵无法与世界达成某种共识。所以持有这样性格的人，要学会舒展自己精神的皱纹，放弃对自己的强迫。不恐惧、不委婉、不隐藏、不狡辩、不执着、不主观，努力放松情绪，开放心胸，主动交往，在普通的行为里体现出积极的意义。用力放大心量，全身心地拥抱世界，然后你会大不一样。

夫妻间的忠贞

夫妻间的忠贞绝不能表现在无话不说上，这是一种危险甚至是自杀的关系，是心智极其不成熟的表现。或者可以理解成是对承担责任的拒绝，或者是根本不愿意做一个独立自主的人。夫妻在界定忠贞概念同时也要划分出合理的界限，要标注哪些边界不可逾越。人到了一定年龄都避不开忠与不忠这个问题。感情没有对错，在忠贞问题的处理上除了敢于面对，努力去解决问题外，关键是两个人的信任依赖，包括过去的、现在的和将来的，而不是忠贞或不忠贞。爱情是盲目的，它也像孩子们打游戏，总有一个难度系数摆在那儿给你看，这就是诱惑。在家庭生活中，这个难度系数在体现忠贞的同时也挑战着爱情。

女人是语言的动物

夸张地说女人是语言的动物，她们大多的选择是通过语言来表露的。基于这一点，作为一个行为动物的男人，对女人的尊重和体贴主要是表现在学会聆听她们的倾诉，理解她们的话语，并给予相对准确的应对。不要以自己习惯的方式，即用行为来暗示自己的表达而忽略了语言交流。不理解这些，男人们会身陷迷雾之中不知所措，不明事由，所有的反应都会显得天真、卡通。

建立人的精神自我补偿系统

当人在缺失什么东西的时候，就会自然生成一种渴望。这个现象不但体现在人对物质的欲望上，在情感上也淋漓尽致地表演。心中充满怨恨的人，不会看到爱的证据。缺少爱的人，会不自觉地将自己摆放在受害者位置上，理直气壮地将情绪沉溺，把心中的不满打包成控诉，然后批发给他人，享受自怜自悯的矫情，深陷自我折磨的昏聩中不愿自拔。他们也会习惯地用别人过去的错，为自己现在的不完整找到借口。所以说建立人的精神自我补偿系统是走向真正独立的关键。

女人需要被解读

一个女人在经历了生活种种打磨之后，剩下的要求既简单而又清晰，就是只想找一个懂她而又安全的爱人。这个懂得的含义十分微妙和精细，它要求男人们在她们的逞强里看到柔情，在快乐的时候还要读出其中的忧伤，尤其是在蛮不讲理之后，要准确回应她眼中的期盼，在沉默不语时必须要听到她们内心的呐喊。所有的懂得支撑起安全的大伞，她们才能踏实地在下面称心纳凉，那个男人也就全部地走进了他所爱的女人的心里。

理想需要冲，更需要缓冲

生活的理想和生活态度是两码事。理想本质上是对完美的追求，而态度则是强调别把自己搞得太苦，让舒服成为生活中的常态。在对理想追求的过程中，人需要刻苦、执着、忍耐、坚持甚至是呆傻。在生活中充满智慧，让自己得到有效的放松和休整，则是对理想追求的最好补充和鼓励。所以，在理想这件事上，可以要求十分的完美，做好百分之百努力的心理准备，但生活上不必那么较真，八分好即可。这样的设计能给自己留出自由腾挪的空间，制造回旋的余地和换取养精蓄锐的本钱，会使自己在理想的远征路上走得更久。生活上的八分好主要体现在饮食、工作、休闲、爱情、人脉等方面。人生哲学提醒我们，理想需要冲，更需要缓冲。

活着就是生命最本质的意义

大部分人不必一定要去证悟生命意义的存在，那是宗教从业者、哲学家、学者或是一些对生命本原有兴趣和思考的人的任务和课题。一般的人只需专注地生活，静心地感受生命所呈现的一切，并使之相互拥抱，相互缠绕，这本身就是对生命的珍惜和尊重，这就是一种修行。生命的意义是持久的真情品味，是体验的积攒，是心灵的慰籍，是精神的主张，是状态的鲜活，是尽情享受活着。它不应被孤立、被迷惑，也不必弄得太复杂。它的实相是简单、透明、彻底或无限。世界所有万物都有其自身的本意，存在就是他们的本体。我们不能试图以有限的认知去生硬地解释和定义他们的属性和意义。世上大多事物无需去说，也难以用语言描述。因为经过我们的过滤和加工出来的它，就已经不再是它了。其实人只要活着，就是生命最本质的意义，是对生命的最彻底的解释。对生命的了悟，不单单是体现出一种超然，一种洒脱，一种悠闲，一种恬静，一种无为无争，而是全身心、真情地投入到生活的熔炉，在爱恨情仇喜怒哀乐之中冶炼自己，最终完成生命的超度。

感情与感觉

感情与感觉是我们经常使用的两个心理活动工具。它们驻足在不同的层次上，既有相同的表演，又以不相同的脸谱呈现各自的角色。感觉显得光鲜透彻，明亮耀眼，虽然平常但很美。感情则是深沉而庄重，连带着责任和义务，时时地被承诺裹挟，不能悄然退场。将感觉平滑地向感情过度而不产生落差和不适，需要冲动和激情，甚至单边的努力就有可能实现。但要将感情自然地向感觉撤退和回归，则需要双方意见的达成，共同利益的放弃，对自我痛苦的抑制，对过往的主动或被动的放弃、略过，同时也需要智慧的引导和参与。美好一定是在越过很多不美的羁绊，在行路的终点那儿显现。感觉可以清晰，但感情则不必要求那么纯粹。背负着沉重，自然无法尽情地体验。任何事情都是在不断地转换着，暗透了，更能见到星光，窟窿大了就是天。这是实相。

女性情感的表达方式

女性表象的精明是由她们精神的混沌支撑着，这对男人来说，是既可爱又可恨。男人们在理解之后以主动地参与和配合的心态介入，她们就会显得可爱。反之以对立、否定的情绪去审视和批判，自然就会卷入一场战争之中，周而复始，恶性循环。女人的自身矛盾是因为既依赖情感陪伴，却又不能把它独立使用，还要将其承载在其他情感之中。如此这般，就会经常使简单的事情变得复杂，变得玄妙，就会无故地生出许多事端。女人常常以生气和争吵来表现自己的真情，这是男人最不理解也是最难接受的。他们期望和习惯对事件处理的单一性，解决问题是他们的关注。他们擅长一刀下去将问题劈开，直接摘取内容的核心，而不愿意没完没了地剥离问题表层蚕裹。时间久了，他们会疲倦、厌恶，就像逛商场一样。女人跟男人的情感关系更多的时候像小孩子捉迷藏，喜欢故意把情躲藏起来，期望有感觉的男人带着真情找来找去。她们还会把真情当作大海，当作岩石，永恒不变，誓死捍卫。她们也搞不清楚既然追求坚硬凝固的永恒，就要牺牲对浪漫的期盼。但她们还是坚定不移地要把永恒和浪漫都揣在自己的两个兜里，这样搞来搞去，只会让男人真情受挫，身心疲惫。闷一点的男人会躲避起来，自我疗伤，自我安慰，自娱自乐。还有一些不甘寂寞的男人，带着虚情假意和其他女人调情去了。

比较文化对关系的伤害

“比”是把刀，使用不当会给人带来严重的心理伤害。在比较文化中，教育倾向于关注没做到的部分，关注失掉的部分而忽视已掌握的部分。人内心深处最真实的需求是得到他人的承认、鼓励、赞美，前行的动力也是来自于对已经做到部分的社会肯定。植物向着太阳光生长，人的精神、自尊、信念也是向着光明的方向爬行。而我们时刻所经受的横向、纵向的比较就像一把利刃不停地斩割我们新生成的翅膀，最终让我们失去了在空中自由翱翔的能力。虽然我们一时无法改变现实，但我们必须要学会准确地应对，找到自己的标尺，了解自己的独特，积极地对待自己。不要让“更好”成为“好”的敌人。抛弃完美，拒绝比较。

女人在婚姻中的活体角色

婚姻关系的理想配置，如果是门当户对，可能会减少相互价值观差异的概率，但这不是绝对的。因为每个人不是始终圈养在家庭范围内，最后都要走进社会，价值观的主要部分还是在后天形成的。恋爱或婚姻中的年青人之所以价值无比，是因为他们拥有特殊的两点，首先是一无所有，这使他们实现了精神界面的平等，之前的账单全部作废。再是富比天下，这是因为他们拥有简单纯粹的爱情，有相伴终身的期许。在婚姻中，决不能拿年龄和地位说事，不能因为她年轻貌美，也不能因为他位高财大而存有满腹不甘的理由。女人在婚姻的认知上要明智，最致命的问题就是拒绝成长，将男人的照顾理解成是天经地义的事，他们理应受到责任和良知的约束。一个女人对婚姻的维系不能单单指望他人的良知和责任有高尚的表现，关键还是在于自身的进步，包括修养、魅力、善良、担当等，让自己在婚姻中一直充当活体的角色。

欲望与距离的配置

欲望是人类及所有生物一种必不可少的原始能量，它驱动着物种成长进化和人类文明的发展。当人类为了抵御外界的威胁，克服内心的恐惧的时候，文明往往会被人类收藏于自身亲近的关系当中。所以亲情、友情因相互的补充和协助而获得滋润，但欲望却要求距离和差异性。在现代的夫妻关系中，欲望产生的途径并不仅仅只有性，它主要是在不断主动更新、发现对方的渴望之中。夫妻间不缺火种，缺少的是能使火焰燃烧足够的氧气。距离太近了，就不容易看到对方身上的东西，就会遏制发现对方的欲望。从教育学角度上来说，孩子们力量的积攒是始于发现和探索的渴望，对新世界的新鲜、好奇和冒险是他们本性的需要，是最基本的欲望。如果父母遏止孩子的这种渴望，就会窒息孩子的生命。

孤独是人的天性

孤独是人的天性，即使结婚以后也会如此。所以没有必要下决心坚决去消除这个问题或躲闪回避。就像人身体必然要携带某些病菌一样，你不能与它分割。出门旅行的时候，如果没有同行者，确实会感觉相对自由，但也会快速疲惫。跟一个情投意合的人一起边走边聊的话，在不知不觉之间我们就会走出很远。婚姻就是这样。

精神的共生反应

男女关系似乎由于女性对情感的依赖的天性而呈现为一种依附关系，特别是在文明进展滞后或特殊文化指向的区域尤显突出。即使在西方诸多国家，男女之间的关系也表现得比较复杂和不平衡状态，全世界范围内女性一直在为独立和解放而斗争。虽然宏观上是表现在社会层面上，但最终是落在了每一个家庭里。高级别的男女关系应该是精神的共生反应，由美好感觉滋润的共同环境。承认男女精神的相互独立性，接受和欣赏女性的感觉特点，由此制造出双方相互辉映与合理碰撞，使关系鲜活、长久。女性拥有男性所不具备的特殊感觉的天性，是女人特有的灵气，是她们生命中的火把。这个光亮不但照亮了她们自己，也唤醒了男性敏觉而产生共情。这种感觉是潜意识最本质的显现，是生命最重要的激素。不自信的女人感觉级别较低，她们会背离真实自我，无论多么柔顺都会缺乏灵动感，缺乏可爱的魂。真正成熟的男人特征是简单并真实，女人对此特容易产生感觉，在品味的同时也把自己变得简单和真实。在深邃的男人面前，聪明女人会让自己很透明，不加掩饰，这时的女人会显得很美。女人拿真实简单的男人没办法，她们知道天空虽然简洁透明，但也最复杂，因为它包容了一切。

让自己与自己相遇

如果一个人在成长过程中没有接受到良好和正确的人生观、价值观的启迪和教育的话，那么他们会有一个根植于内心的观念，就是一定要透过他人的认同和承认来肯定自己，而不是与自我内在的接触，客观和全面地对自己进行审视和评估。当他们进入相互吸引的关系时，为了要得到对方的接受和认同，会不自觉地沿用成长过程中的习惯，极力展现自己最美好的一面，无法把真实的自我作一个全面的交待。不情愿地将自己从生活的地面推上舞台，做作而又委屈地进行表演，以这种善意的欺骗建立起一个双方相爱或相恶的关系。但戏终有散场的那一刻，真正的回归取决于自我的厌倦和觉醒。对生命的真相重新进行梳理和捡拾，要让自己与自己相遇。

夸张之后的爱情处理

自然界里所有的生物到了交配期，都会本能地夸张自己的生命状态，尽情地展现美好和力量。像鸟儿的舞蹈，动物的角斗，花朵的怒放，都是透过感官层次相互吸引，完成繁衍的任务。这亦是大自然给予的性的能量，是真实可靠的。但人类正是由于有了思想，有了道德和伦理的制约，在此方面的表现就显得虚伪得多。大多都不够真实，以虚幻来补充和编排性爱的情景，用意淫覆盖了爱的自然真相。人们会借舞台、故事和美丽的传说将平凡真实的原型进行放大和渲染，并将此作为自己恋爱的重要参考和向往。这就是婚姻一定会变成恋爱坟墓的根本原因。家是一个人心理最后的堡垒，是人们心理层次中最安全、最可以允许自己是自己的地方，是需要真实的情感空气和温度，让心灵得以取暖纳凉。当人们的性荷尔蒙、激情和浪漫在热恋中逐渐消退，其它各种真实的面相就要在家庭里闪亮登场。如果夫妻双方没有这方面精神准备和正确的认知，就会开始觉得对方变了，其实他们只是放松而已。所以每对夫妻都应该懂得，真正的恋爱是在婚姻生活稳定下来之后才开始的。这个时候你对对方的态度才会是“如他所是”，而不是“如我所想”，这时你们才真正地走在婚姻的正道上。

深恋会让人们全力地用心、用情，早也想晚也想，把思念的那个人存放在精神的最深处，刻骨铭心，这亦是当事人能量的爆炸。从心理学的角度来看，恋爱其实涵盖的是一种心理催眠，是两个人的生命内涵与人格深层碰撞所产生的对冲。是在喜爱、崇拜、依赖和厌恶、轻蔑、拒绝等等感受的搅拌之后，双方还能尽情品饮，仍可以更深入地去分享彼此生命成长的过程。好的恋爱会使双方学会欣赏彼此欣赏的，尊重彼此不欣赏的。不动声色、不留痕迹地抹去自己过去生命里的褪变的底色，重新绘画彼此共同的版面，有效地填补生命中被破坏的残缺的那一部分。

幸福真的很简单

幸福感觉是出自对你已经拥有的重视和把玩，而不是数量的堆积。同时看淡并不刻意追逐你无法拥有的，这也是对幸福的重要补充，否则会无意识地忽视本身已经拥有的珍贵的储藏。这里面可能包括爱着你的人，以及你身后留下的那些脚印。无意义的较真，过于渴望得到不属于自己的东西，会让自己置身于无穷的烦恼和无休止的纷扰之中，脚踩着幸福在空虚和茫然中做失败的搜索。幸福真的很简单，它们就在你的身边，在生活的每个细节之中，它们全然裸露着，等待着你用心灵去发现，用真情去采撷。

读书的女人

女人读书的情景会让男人心中平添敬佩和宁静。女人阐述读书之后的观点是与男人最有效的贴近和抚慰。她们由此而培养出来的修养和气质对男人来说是最强烈的吸引和陶醉，由读书而生成出女人特有的聪慧和灵动会让男人屈服和随从。如果女人有十分美丽，但远离了书籍，就会失掉七分的内蕴。读书的女人十分美丽和动人，当女人养成读书的习惯的同时，也是在为自己建造了一座逃避生活中所有不幸的避难所。

男人成长过程中的生命表象

对一个男人而言，如果他是个年轻人，那么对方的女人行为表现既能使他快乐又能令他不快乐。如果这个男人进入了中年而且成长得比较正常的话，他大多会有选择地接收女人能使他快乐的那部分信号。但到了老年，那个女人就既不能令他快乐又不能令他不快乐，这也是一种可怜而无奈的成熟。

粉丝与英雄

为什么粉丝主要是由女性组成？那是因为女人小时候都有想当明星的愿望。但长大后只有少数人成了明星，剩下的那些并不愿意从原始的愿望中脱离，就都自然转换成了明星的粉丝身份。男人则不同，更多的男人在小的时候想当的是英雄而不是粉丝，但长大后也只有少数人完成了英雄形象的自我塑造，那么剩下的男人就自愿加入英雄崇拜者的行列。

女人的气场

女人要对自己有一个清晰的分辨，就是每天的关注点是放在发现自己的缺点上还是不断挖掘自己的优点并将此放大。这决定了女人活得是郁闷沮丧还是乐观自信。幸福的生活不追求全部，它是每个细节的链接，在微小处发现和开发美丽，接触本质，提取精华，集合成大的情怀。不要一味地捕捉壮美和绚丽，要分清感激和感动、快乐和喜悦、表象和内在的区别。一个能把优点发挥到极致的女人，也是令他人仰慕的魅力女人。美丽的女人不一定有气场，但有气场的女人必定美丽。单独靠漂亮的脸蛋、魔鬼的身材、艳丽和风骚不会形成大的气场。气场的形成主要依赖女人内在的精神力量和魂魄，让人一见倾心，终生难忘。气场也是一种只能用眼睛感知而不能用言语来形容的味道，是经过细致的打磨和真情的历练的世间绝美。

生活的运转

生活的运转有一个特点就是周而复始，是用一种焦虑取代另一种焦虑，用一种欲望替换另一种欲望的过程。面对丢失的反应和应对，是检验我们人生定力的一个标尺。假如有一天我们失去了什么，请伸展手臂，一边代表过去，一边象征着未来，重新合在一起，中间的那个就是你自己的现在。只要过去和未来始终在挟持着你，你就永远都在。人是在开合之中存在，不要让过去悲哀，也不要让未来孤单，尊重和信任你的现在，用句北京话说：齐活儿。

大胆地让人爱，小心地去爱人

很多女人在很多的时候，面对他人的示爱表现得迷乱、紧张和恐惧，这大可不必。如果有人对你有好感，你就试着让他感动你；如果有人对你有兴趣，你就大胆地让他接近你；如果他爱你了，就让他去爱，看他能爱到什么程度。通常别人对你好，一般都不会是要伤害你。相反，只有你开始对别人好的时候才会孕育痛苦，分娩悲情，并一再反噬。把自己放到智慧中去，主动体验，细心分辨，放心大胆地让人爱，小心谨慎地去爱人。

不存在绝对的公平与公正

一个人要想潇洒地在这个世上存活，那他首先要懂得和接受的一个简单而又重要的道理，就是这个世界不存在绝对的公平、公正。这是自然的社会形态，任何人为的努力和纠正都是对它本质的反动。它可以作为一种向往，一个求索，可以无限逼近，但你永远无法和它拥抱。适当的舍弃和准确的判断是人生行走的重要平衡工具。想要过自己的生活，就必须屏蔽和躲闪俗世的纷扰。若要自由，就得牺牲安全，能独自处理孤单无助的窘状。喜爱头顶桂冠，接受膜拜，那你就要不停地系紧道德约束的腰带，将自己的人性从生命中抽离出去。一旦坚持松懒闲散生活状态，就不要指望他人富有成就感的评价；我行我素，让愉悦周身围绕，则不必在乎和计较旁人的说辞和态度，把你的目标当作信条来守护；要前行，就得忍受分离，放弃你现在停留的舒适，接托未来的种种不测。

理解的误用

互相理解是人际关系最基本的标准，是人们之间沟通的起码要求和条件。对这样一个普遍被运用的公共原则，所有人都不可能对它有所质疑。但对它过分地使用，则会对关系的建设产生破坏力量。因为按照人们设定的逻辑关系，在交往中，每个人都会不自觉地过分看重别人是否真正理解了自己。如果没有达到期望值的话，就会理直气壮地向对方公开索取理解，但这只是整个过程的上半部分。在下半部分里，那个人会变得更加主动，会非常积极踊跃地要求理解他人，并以此名义强迫他人做内心的彻底袒露。一旦遭到婉拒和回避，便会以缺乏信任而斥之，对他人进行声讨，甚至将此情绪演变成愤怒和仇视，耿耿于怀。在性爱或较为亲密的关系中，这种强求理解和被理解更被作为正当的行为和权利，被绝对地合理化，同时也制造了大量有声或无声的战争。受害的一方经常莫名其妙地遭到严厉的谴责，有时这种索要的失败还会成为破裂之前的最后通牒。这种败相，究其根源完全在于人们不懂得自身心灵的神秘性，对自然的属性没有给予应有的尊重。

慎用你的音量

当人们在生气愤怒的时候，心灵之间的距离就会被推得很远很远。为了能让对方听见自己的内心真正的声音，就必须用喊、用尖叫、用震耳欲聋的哭闹将情绪传递。这种近于疯狂的传递携带着输送者大量的摧毁性的打击和最后威逼式的强烈意志，不惜代价破坏到底。这是严重的自我失控和不必要的歇斯底里。冷静的丧失使我们失重，瞬间坠穿到道德底线之下，对自己和他人都会造成重创和几乎无法缝合的伤痕。两个人相恋时，他们不需要喊声，总是轻声细语甚至无言。这时他们的心很近，几乎看不见距离，眼神将声音替换，心和心相互抚摸。所以，当你突然卷入不可避免的争吵时，尽量控制情绪，不要把声音推向最大的极限，不说让心的距离变远的话，不要让恐惧的惊吓使彼此的心悲伤地逃离。

男人的刚硬与女性的柔软

女性正是由于拥有生育的功能，所以她们的本质里具备了基本的连续性和安全性，这是一种天然的身份。而男人的角色则是被制造出来的，他们的自我定义模糊，安全感脆弱，方向缺失，缺乏弹性。在被排斥的怀孕、生子、养育的无男人地带之外，他们建立了各种各样的无女人地带：战争、政治、神职等等。男人必须进入这些领域，完成自我身份的认证和实现自己在社会中的存在感。否则就会被套上“不是男人”的帽子，这是最致命的蔑视。这种文化也鼓励了男人们面对老弱病残和妇女儿童时，在危机和困境中主动选择担当和牺牲。但随着时代的进步，女性优势不断地成长，并在大面积领域里取代和替换了男性一直把持的岗位。所以，现代的新男人们要主动接受自己的女性潜质，将自己原先边缘化的性格特征逐步向中间转化，在坚硬中镶嵌进柔软，与女性渐强的变化进行无缝的对接。

没有不变的感情

既然人生是不断变化的，那怎么可能存在不变的感情呢？夫妻间生活是运动中的一种平衡，是有形和无形变化的跟随竞技。感情位置互相不停地置换，有前有后，时左时右。智慧的双方会默契地接收对面发来的信号和暗示，就像接受天气一样。晴天高兴，阴天忍着，碰到大风大雨就躲起来，有了灰尘就赶紧去擦洗。他们核心的沟通不是用语言来完成的，而是靠心灵的感受和直觉，靠天长日久的数理统计，靠相知相亲的信任，靠精神层面的追求和洗礼，靠对未来一个美好的渴望和交待。于是他们主动收缩了自己，约束了自己，放宽他人。夫妻之间非常忌讳的是一方给另一方制定标准，如果这样，现实中的这个人物就一定会走样，变得不真实，不快乐了。好的要求是不以要求的形态显现，学会了这个，你就会晋级到更高的段位了。

人性的阴暗面大于光亮面

虽然人类常常以聪明智慧自居，但生活层面情感无知的表现要远远大于正确的选择。这就是为什么把人世间那么简单的几个关系搞得乌烟瘴气，纠缠不休。比如说对待那些接受我们、承认我们、在意和欣赏我们的人，会不自觉地提高要求的标准，相比其他的人做得更苛求、更无情。喜欢上了谁，就一定要与人家建立一种心理连结。如果没有达到预期的愿望，内心就会被忽视、被羞辱的情绪缠绕，由对自己的不满转换成对他人的愤怒。本来没事的时候可以把自己的精神家园好好清理干净，认真休整，仔细点缀一番，但偏偏要在心里树立一个“敌人”来将自己的情绪合理化。孩子们在青春期的时候会把最爱他们的母亲视为对手，保持一个心理层面的安全，成人则容易选择一个看起来还算安全的人做敌人。这一切都归结为人性的复杂，阴暗面大于光亮一面。所以，对人性恶的抑制是我们每个个体需要终生努力和奋斗的。这些均属于自我人格完善，是一世的修行，是心灵层面给生命最后时刻一个满意的交待。那些恶和善的生长并不依赖我们的存在和消失，它们一代一代随着人类文明的发展和进步而相应地变异。

感觉－情感－感情

感觉是人的精神组成的最基本元素，它完整组合后被人们广泛应用的新体被叫做情感，如果情感被升华后她所呈显的状态就是感情。感情是经过所有人生的经历和人的自身品质、人格、精神架构、世界观、价值观等等综合锻造之后的最终产品，它亦会根据以上元素含量和成分多少的不同而决定了其品质高低。它不像怀揣饱满的感觉那样飘动，表现得更加稳定和可靠。身揣感情的人不轻言感情，因为那是他们内心深处的丰碑，是珍贵和圣洁的。感情是情感世界中的魂魄，感情也充当着情感宗教信仰的角色，能驱动人们像虔诚的教徒一样，义无反顾做不计回报的行事。感情是雨露，它能够滋润人的精神田园并使之生长出更多、更饱满的善良、慈悲，实现人性的保养和调整。

占有欲的警惕

有一点可以确信，几乎所有人的心理情感方面的成长并没有跟他们的实际年龄的增长相同步，由于自我感悟和学习的障碍，使人们停止或放慢脚步或误入歧途。大多数男性精神情绪还蜗居在母亲的怀抱里，用孩子气的方式去爱他人，同时也希望别人像爱孩子那样爱自己，有时候甚至极端地要求女人像母亲那样无条件地接受和理解自己。很多女人也是如此，在与异性交往的过程中始终拿父亲的标准作参照、作比对，将所有的任性、自我、理所当然的被关爱、被照顾和被呵护的情结无条件地紧紧地系在对象的脖子上。这些都是来自于对父亲的信任和习惯的延续，一种变异的想象，一次没有处理过的挪移，是强烈的占有欲使然。对爱人的占有欲会根据个人的经历而有相当不同的表现。对母亲有强烈占有欲的孩子，长大以后在爱情中也自然会将儿时的情感体验完整地拷贝过来，有比别人更强的占有欲望。而且社会文化也将这种占有欲合理合法化了，以至于忘记了一个人只属于他自己。所以，我们必须深刻地意识到爱情不等同于儿时得到的母爱或父爱，只有男人不再去找寻他的母亲，女人不再去追索自己的父亲，才有可能成为相爱的成年人。所以，纠结中的男人和女人们，只有超越这个精神上原始栅栏的阻碍，才会摆脱世俗的羁绊，实现各自真正的自由和成长。

外遇的纠结

人们很不情愿把外遇当作一件正面的问题做公开的讨论，虽然总是低头回避，但抬头却又常常撞上。外遇这件事之所以令人困惑，是因为它存在合理与不合理的两面性。也正是由于这种双重属性，使人们在潜意识中固有的欲望满足感和外在的道德挤压中不断拧巴着。外遇就像一个影子，永远跟随在婚姻的身后，它既对原有情感关系有极强的破坏性，同时又能优化人们对复杂情感的认知。特别是当一个人的生理渴求越过理性的警戒线时，外遇就可能会成为心理和生理的共同需求。男人并不会因为缺少爱而产生外遇，而是本身扩张性和能力的一种表现，大多是因为性。而女人外遇则主要缘于不满意的情感生活，对丈夫兴趣的缺失以及安全感、可靠性的危机。这时她们的精神就会产生叛逆的企图，并有一种急需被支撑的愿望。这种外遇主要追求的并不是肉体接触，而是精神上的栖居。可以奋不顾身地为自己凿开一个小窗，为解放长期在平庸环境中的窒息感，不惜将原有的情感架构化为废墟。

忠贞也会成为刺伤自己的利刃

忠贞是人性中非标准的标准，没有被人类专项地定制过，是一个人对他人最高级别的要求和期望。它通常不会被单独使用，总是高效率地被掺杂在各种社会和家庭事件中，是隐蔽的、不显露的、分量最实在的称重砝码。所谓忠贞的人，是抵制住了诱惑和欲望的人。而被指认为不忠贞的人，是曾经抵制过诱惑、欲望的人。现实生活常常要求人们去面对更多的痛苦，最致命的是常年不变的情感生活。没有流动，失去了制造新鲜养分的能力，成为死水一潭，发出腥臭的味道，破坏了两个人的性欲，以至于更多的家庭因此忽略性问题或中断夫妻关系，处于一种活死人状态。这种长时间的相互呆望和对峙，在潜意识中会生成忌恨，埋怨对方让自己处于这种状态，然后用点滴的负面细节和不着边际的主观臆想去拼凑和编造整个剧情，拿过来不断地触碰自己心灵的伤痕，用自我制造的痛感来刺激死寂的灵魂。这也可以理解为是对忠贞过火的追求和纯粹性的信仰所付出的成本。成熟的人不单能坦然应对和巧妙地处理已经出现不忠贞的背叛，关键还要看到他们曾经的抵抗和坚持。一个不忠贞事件的发生，还不足以成为共同搭建的基业被破坏的理由。你我都不是圣人，他的事先发生不意味着你事后的不发生，只是还没有遇上足够让你放弃忠贞的诱惑和必须要做出牺牲忠贞的交换而已。忠贞一旦被绝对化、概念化就会变成直指我们自己的利刃。而时常用忠贞来拷问他人灵魂,则会使双边关系陷入万劫不复的境地。其实，忠贞也是克服自我缺陷的一种高贵品质，而不忠只是一个选择。保持忠贞的弹性，小心使用，是我们生活的必备常识。

女人的远见

女性婚姻不成功的主要原因并不是因为没有找对人，而是交流和互动的方式有问题。本质上女人真正爱的并不是那个男人本身，她爱的是他未来将表现出来的一种潜力。这种持续的想象和期待与女人自身特有的忍耐力混搭在一起，构建了她们梦中的家园，并在此中享受着那份独有的幸福和喜悦。女人的天性使她们拥有这种远见，但生活的压力常常会使她们不停地变换和失去这种远见。长时间近距离地相处和不断失望的等待，会形成对自我失败的愤怒，以至于她们将天性中隐藏着的短视挥发出来，展开声讨和否定运动，同时在她们的眼里也遮掩住了男人的长处和优点。她会十分肯定地认为是你不能让我生活幸福，你破坏了我全部的人生设计，甚至是你毁了我的青春和最好的年华。但批评、埋怨和指责不能促使男人改进，相反他们会退缩、逃避、消极和对立，甚至反叛或反击。所以女人不但要对自己的快乐负责，也要对家庭的快乐负责。

妥协是女人的基本功

家庭的妥协是女人的基本功，但这里面存在一个对分寸的把握问题。善于妥协的女人会让人觉得可亲、可爱，让男人在接受了妥协的礼物之后，会选择在适当的时机做超值补偿。但只善于妥协的女人让对方接收到的是廉价和轻视，会鼓励对方我行我素，甚至肆无忌惮，无所顾虑。女人不要去做女强人，但一定要做强女人。勇敢、独立和善于思考的女人会比懦弱、依附和无主见女人显得美丽而有韵味。女人的纯粹是建立在实用的基础之上，不管是感情还是金钱，清纯即可。当然这里面有很高的难度系数，不是每个女人随随便便就能掌握的。这既需要阅历的支撑，也需要智慧的指导。女人绝不能假装清纯，过于做作，这样会比丑还难看。女人虚荣没有错，那是她们的天性，但不要让自己变成虚荣的工具。女人的理想状态应该是无拘无束，轻松自在，精神和行为被自由和开放所引导，驱逐忧郁和悲伤，不被任何事情所累。女人要在妥协中发现生活的新节点和新方向，激励自我创新能力，让自己和他人保持共同进步，哪怕是生命的最后一天，也让自己处于成长之中。

爱不能被思考，只适合感觉

爱的极致是在全然的牺牲之中陶醉，享受着自身能量一点一点地生成、分离、再生成、再分离的无限递进的过程，充满着没有理由的心疼和不设前提的宽容。爱是不能被思考的，只适合感觉。就像“人类一思考，上帝就发笑”的描述是一样的。人一旦开始对爱进行思考，那它就已经过去了，走远了，就已经不属于你的了。相爱是学习如何信任一个人，与他们和谐地共生共存。但有一点必须要知道，爱是阶段性的存在。如果总是在爱中烘烤，当我们回到常温世界的时候，就会感到寒冷。和谐只是瞬间存在的物理现象，它只能作为我们对理想的一种态度，而不要幻想对它做长久的把持。

出轨的应对

婚姻的出轨被视为是一种严重的背叛，这是一个公论，无可非议，但它是否要作为真理存在则有待商榷。真理的意义其中含有强迫性，不能被争议，必须无条件地执行。虽然你可以继续对它进行不懈地证伪，但在没有被推翻之前，它可以永远不被战胜。问题是在现实中，人们无法对出轨做出超脱的躲避，不能就此做出要么怎样要么不怎样的断然选择。情绪是一码事，但处理的方法和态度，以及对它预判的结果和愿望又是另外一码事。对出轨的声讨和谴责并不重要，关键是要对它进行实质性的分析，了解它的本相，使我们在对它作最后的裁决和审判时有一个重要的参考。人之所以出轨，不是兽性使然，而是真实的人性表达。只不过由于社会道德的不二排他性和公共社会秩序的需要而将它深埋。本质上来讲，出轨是一个人在心理层面上，为了获得新的目光对自我价值的肯定，同时满足自己获取额外快感的欲望。为了尊重自我，为了更广泛而深刻地享受生命，而做出冒险的体验和对社会公德的反叛，这是出于理智的角度所给出的解释。

在人的潜意识中，支持婚外情的逻辑推理关系，是女人从没有放弃寻找理想的伴侣和幻想中带有父亲标准的爱人。只不过女性在一只脚没有完全踏实地在另一条船落稳时，她们不会贸然地将另外一只脚抽离。她们相对于男人的低背叛率是由于缺少百分之百把握的另外选择。而男人则为了区分爱情和色情的关系，相对简单、冲动，以满足对其它性的占有和尝试的欲望。他们会理智地分离与爱人的关系，他们不认为这事对家庭有什么破坏性，就像到别人的操场做了一次广播体操，之后不留任何痕迹。很多人不小心把事搞大发了，则需要收拾复杂的后事。处理不当的，隐蔽的事件则被公开，他们就要承受来自各个方面和各种形式的惩罚。如果从家庭关系的角度来分析不忠行为的话，那么在它的背后，一定存在着伴侣间欲望钝化、性不和谐、关系僵化敌对、话言压迫和烦扰、精神沟通中断等所带来的沮丧和无趣。这时他们会坚信，所有缺乏和失去的东西，其他伴侣可以给予补偿。如果我们对此有了一个全新而又深刻认知的话，那么在处理态度上会更理智、更客观、更有弹性和建设性，会自然放弃你死我活决斗的疯狂，就会减少鱼死网破的悲剧。具体的结局视每个人的胸怀和智慧而不同。

家庭与社会

家庭关系是与社会关系连通的，但更多的人不自觉地阻碍了其中的通道，将大家和小家粗暴地分离，这是文明的倒退。中国文化的其中缺陷之一是建立在家族血缘关系上而不是建立在一个理性的社会基础之上，关注点主要放在直系亲属的福祉上，在那上面倾注大量的精力和心血，对之外的人则缺乏同情心和必要的人文关怀。他们通常只会狭隘地在乎自己的家庭和亲属，这种血缘关系为基础的道德观势必导致社会关系的自私和无情，冷漠和残酷已经不作为社会特殊现象存在了。国人诚信和社会责任感的严重缺失，是他们忽视了作为个体应该对社会所承担的责任和义务。正是由于人们对家庭和社会关系的误读，没有腾出更多的爱心和责任介入到社会大家庭的活动中，不愿遵守规则，乐于投机取巧，擅长走快捷方式，缺少体面和尊严的生活，喜爱抬高自己去换取别人的认可，为了微不足道面子的欲望满足，而放弃对真理的接受，放弃尝试富有意义的生活。缺乏勇气去追求他们认为正确的事情和从错误中筛选正确事物的能力，也缺乏勇气去做有意义的实践。以上种种悲剧是因为思想被贪婪所占据，而这种贪婪的原始出处就是缘于家庭的畸形化所致，最终与社会过度脱节和对立。

人不存在一个真实的自我

如果说一个人特质的具体显现是由各种关系映射而成的话，根据此逻辑推理，人其实不存在一个真实的自我或者不存在一个被称为人格的东西，那是属于语言建构的范畴。人是根据他人与自己的角度和位置来确定身份和作用，人对自我的认同应该是观念与语言的产物。所以，如何在这种关系中能自由自在地做自己，保持自我生命的独特性，就是无条件地、主动自觉地接纳和喜欢自己，让自己和自己相遇。生命既是一种偶合，也是一种和合，生命本身就是自由且圆融。人只有首先处理好与自己的关系，才有资格和能力去面对和处理与他人、与社会、与现实和与自然的关系。内在分裂会自我无意识地否定自己，也会集体无意识地随从。所以要小心了，别让自己不认识自己，别让自己活成别人的模样。

同床共枕，男性变傻

奥地利科学家的一项最新研究表明，男女同枕共眠会对男人第二天的脑力产生不好的影响，而女性则不会出现这种情况。即便他们没有发生亲密的性关系，男人的睡眠模式仍然会被扰乱，进而影响到他们第二天的思维敏感度。由此而推论：同床共枕，男性变傻。

理解的界限

对他人的理解是有界限的。如果你痴迷于对别人的心理解读，并认定是完全深刻的理解，这其实已经构成了一种侵犯，是严重的施暴。当你以为把对方看得清楚了，那么你们之间的纠纷也就开始了。两个人的正确关系是在黑暗中并肩行走，自己内心的问题主要靠自己来解决。不强迫自己去理解别人，也不强求别人主动理解自己。既不奢望别人完全理解自己，也不自信能彻底理解了别人。做一个合适的旁观者，才会让自己更清晰透明。

不让自己变得圆满

生活中有一个重要的观点要掌握，就是不要试图努力让自己变得圆满，而是要机智、积极地活在圆满之中。圆满是一个变量，我们不适于把生命的能量花费在永远不停的捕捉上，这样会使人疲惫和劳累，会生成额外的厌倦和失望，会始终被失败提醒着。对圆满孜孜不倦的奢求，反映的是人被假象迷惑之后的无明和盲目，是徒劳的尝试。我们可以适当地保持对圆满的追求和向往，这是心灵层面的主动完善和提升，是人内在健康的精神运动。但更有效更真实的则是充分利用外在自然的圆满状态与内心的不圆满做一种合理的搭配，做有力的借助，以圆满的心态活在不圆满世界里。人对圆满的渴望也是欲望彻底满足的翻版。追求满足是一种持续不断的欲望，也会产生短暂的快感，但与它始终同行的是挫折。只要快乐消失，挫折与痛苦便会出场。于是，我们的心又朝着不同的方向追寻，继续承受新的挫折。努力想得到满足，必定导致对立的冲突，一定会产生分裂，挫折即是分裂。所以，当你看到追求满足的真相，看到其中永远充满着挫折，在你被挫折缠绕时，就不再逃避孤独，就会自行实现超越。

亲人之间的加害行为

亲人之间的关爱和担心是需要经过适当的处理才可以发送出去的，否则无意中会产生不负责任的加害行为。最常见的是当儿女远行，母亲会不时地提示这嘱咐那，几乎把自己所有的人生教训和悲观的想象一股脑地泼在孩子们的身上。她们无法承受任何一点点可能会发生的意外变故，下意识地把自己的恐惧投射到孩子们那里。即使有些从表面上还不好分辨是爱的表达还是恐惧的投射，但有一点可以肯定，所有这些都会转化成负能量进入孩子们的体内，将母亲的悲伤和恐惧对应生成被否定和压抑储存在情绪中。如果在未来的日子里,他们没有得到及时的认可和接受,那么,这些负面能量将滞留在体内，没有出口使它们流淌出来。经过长时间的社会体验和经历发酵之后，会使这些原始的潜藏恶化成致命的不良性情，对孩子们的人格塑造起着腐败和侵蚀作用。

愤怒的记忆

从生理学上讲，一个人不断重复做某种事，某些神经细胞之间就会建立起长期稳固的联系。比如说，经常地、有规律地生气，感到挫折、悲伤和痛苦，每天都重复地为那张神经网络接线和整合，自觉地就变成了一个情绪模式。而当我们在身体层面或是大脑层面产生某种情绪感受时，我们的下丘脑会马上组装一种化学物质叫“胜肽”，随着血液跑到我们身体的每一个细胞，并被细胞周边的上千个感受器所接受。久而久之，感受器对某种“胜肽”就有特定的胃口，会产生饥饿感。所以，如果你很久不生气的话，你的细胞会让你有生理需求想去发脾气。“胜肽”是一种氨基酸，现在很多化妆品也强调是胜肽产品，可以从细胞最根本处改善皮肤。

快乐与喜悦的差异性

我们通常会将快乐和喜悦交叉地使用，其实快乐和喜悦之间存在着很大的差异性。快乐来自于外部的感受和刺激，然后向内心传递。当引起快乐的那个外在的情境或事物消失后，快乐也随之而去。喜悦则不同，它是由内向外的倾情绽放，是内在心灵综合开发出来的成果，是由生命的觉悟而派生出的高级审美，是灵魂的舞蹈。喜悦会独立地存在，绵长纤细，有辐射特性，可引发他人的快乐和感动。真正的喜悦是整个身体和精神的愉悦，伴随着人对自己的依附。众多喜悦累积的结果就是幸福。尼采认为，喜悦是一场战斗；斯宾诺莎说，认知越多，拥有的喜悦就越多。喜悦是生活正在取得成功的最好奖赏，当我们致力于提升对人性的认知，努力改善自己的内心并把成果传递出去与他人分享的时刻，我们就会喜悦。内在的喜悦其实就是成功的燃料。

男女的不同侧重

男人注重长远，女人注重眼前；男人注重开心，女人注重放心；男人注重抽象，女人注重形象；男人注重新鲜，女人注重保鲜；男人注重面子，女人注重里子；男人注重主动，女人注重被动；男人注重猎取，女人注重获取；男人注重果断，女人注重慎重。好的夫妻关系应该是这样：恋爱时，彼此是崇拜者；交谈时，彼此是知音；得意时，彼此是吹牛对象；生气时，彼此是出气筒；困难时，彼此是咨询师；痛苦时，彼此是安慰者；生病时，彼此是护士；衰老时，彼此是拐杖；平常时，彼此各干各的，保持适度距离。

虚幻的丈夫身份

心理学认为，凡是我们眼中能看到和感觉到的东西是我们心中原本就有的东西。比如说，妻子眼中的丈夫根本就不是她身边的那个男人，而是她早年对家族中的男人们那些混杂纷乱、模糊不清的印象的感觉记忆。男人对妻子也是如此。我们都是带着童年印刻的生活方式走向未来，并会无意识地习惯走在自己熟悉的路上，这样才会感到踏实和舒服。但这种经验的使用也会让我们丢弃自觉和独立的思考，看不到真正属于自己的丈夫和妻子，他们独特和真实的部分得不到具体的显现。所以，我们要积极地变换角色，将自己尽快地、彻底地从孩提时代底板中抽离出来，暂时忽略丈夫和妻子的身份，把他们当一个外人，这样你就会很快直观地感受到他们的做派和习惯中有你喜欢的大度、豁达、包容、细腻、洒脱等等优秀的品质和行为。一旦进入欣赏状态，你也就跟着产生有意义的变化，他们身上的特质就会渐渐地、不动声色地感染你、感动你，这也是爱谁也会像谁的道理。当我们学会用渴望的美善来看待自己的时候，也就看准了他人，是一种超然的睿智。当我们真正舍弃了局限性的想法，我们不但在家庭，还会在社会所涉猎的每个领域，体验到人性的精彩。

女人更多的是为了生存

数字统计证明，婚姻中的女人，更多的是为了生存，而不是从男人身上获得喜爱。这样说出来既悲情又真实，但这是必须面对的无奈。爱虽美好，如果只能在美与真之间二选一的话，留下的总是真的。爱不是因为更美好才生出的，而是因为更需要。既然生存第一，那么就不能跟生存讨价还价。统观我们的父母，他们的生命主题和冲突大都是通过压抑、忍耐和退让来解决的。如此相守一世，最核心的是用时间打败一切，用时间去融化心中的压抑、悲惨、荒芜和凄凉，可见时间并不残忍。现代的年轻人则敢于做出勇敢的决定，敢于结束败坏的婚姻。他们不肯肩负和承受不必要的压抑和委屈，他们可以自如潇洒地释放不良情绪，他们不接受时间来做讲和的中介者。他们争分夺秒，不拒绝新生的体验和情感的冒险。这不能评价谁对谁错，无需裁判进步还是倒退，只能说这些都是时代正常的变化和韵律，是一种进化。

女性的语言控制欲

女人频繁的话语会让男人心烦意乱，无法忍受，甚至于接近疯狂状态，这是一种非常普遍的现象。除去女性先天出色的语言功能外，其中隐藏着复杂的心理问题。如果说话的人是自己语言的受害者而不是主导者，无法停止唠叨，以不停说话的方式来建立她们与外界唯一的联系，这就是某种心理疾病的信号。空灵会让她们惶恐，宁静会抽引出她们厌恶的情绪，她们必须要用话语把空填满，把寂静打破。如若究其根源，大概是她们在童年时没有感受到足够的承认和关爱，存在感和自我位置的长期缺失；或孩提时不懂得梦想和游戏，无法进入言语以外的世界；或成年后又经受友谊和婚恋关系的挫折和打击；或在婚姻中一直被否定和贬低。几项相加或部分相加或单独体现，都会不同程度上表现出此种症状。她们总是试图通过掌控交流的过程，垄断话语权来达到自我存在的实现和摆脱不安全感的胁迫。她们把语言当作吸引对话者的工具，以此来主导着与别人的关系。这些人看起来有亲和力和关爱之心，善于分享，习惯用亲切的语言来压抑自己的攻击性。由于她们没有掌握如何应付问题的技巧，所以她们不愿正视和面对内心各种复杂的情绪，也不想听到自己内心深处的声音，频于躲避。作为正常人，尤其是她们最亲近的人，应该在这些污染我们耳朵的声音背后听到一种得以承认和关注的请求。如果她们因此感觉到自己正在被完整地理解或者受到尊重，便能聚焦于正在倾吐的问题上。

遗忘也是重要的舍弃

佛家与道家的最高意境就是人对发生过的、正在发生的和将要发生的事都不必在意。这是一种放下，一种略过。就是这样，当我们决定对某个事情或某个物件做彻底的舍弃，我已经不要了，你还能把我怎么样。一个人生活是否幸福并不是因为经历了什么，而是如何解释和对待曾经的过往。遗忘也是重要的舍弃，每个人的身心不幸和伤痛，可以经由遗忘来洗涤和疗伤。失落的记忆是好的心理状态，是使生命美好的能力。

认知和体验是一个两难结构

认知和体验本身就是一个两难结构，比如当你要表现客观情绪时，那就一定要约束自身情感。当你决定投入情感时，就会淡化客观的公正性。同样，我们在对待男性和女性的认知和体验也是如此。男女之间的生命本质是有根本性的差异。女人完全被生命包裹并制造生命，她们对生命的理解和体验直接而又深刻，在生命层面探索和求知是持续不断的。而男人既不会生产也不负责养育，他们的身体和情感并没有真正参与到一个生命的创造和成长中去。所以，男人不能自以为是，要意识到自我的先天不足，积极主动地对情感进行细致的修补，完成与女人生命的契合。

追求不变的情感是很奇怪的

当青春、思想、体能、习惯随着岁月而转变时，执着在不变的情感追求是很奇怪的。虽然说不变的爱情是很多人的梦想，是本能的幻化，但只需甜蜜一下即可，不能当真，应尽快地从中脱身。因为这事是隐藏在精神深处的角落，是情结，是隐蔽的，所以也得不到他人的教育和提醒，只能自行觉悟。对不变爱情的等待也是生命渐变下无奈的期望，这时人需要学会自我生命的转换。创造能力的大小决定了更新的水平，在他处进行原始情绪的替代，用更大的情怀覆盖稚嫩的梦想。在这方面我们要向哲学家或艺术家看齐，他们在此问题上会比常人更加警觉生命的变化。要提升自我在变化中对应的能力，也要清醒判断与他人互动中的立脚点。如此所作所为，那么其间的关系将不止是融合甜蜜，也会潇洒自如，同时也会充满着更多的感动和感激。

心声也是上帝的声音

心理学总是强调人去倾听自己的心声，这本身是在提示我们要走进一个自我认知的世界。那种心声非常微弱，很容易被社会的嘈杂所覆盖，所干扰，以至于你无法分辨是心声和还是外界的声音。心灵的声音是生命颤动的回响，是最本原的呐喊，是最真实的呼唤。但很多人在很多的时候，选择不去听那惟有自己可以听见的声音，这是因为他们或是被外边音响迷惑，或是对自己灵魂裸露的恐慌，或是对自我生命的轻视。如果你不被自己的心声指引，就会盲目而鲁莽。如果你不被自己的心声牵拉，就会闲懒而被动。如果你不被自己的心声敲打，就会迟钝而呆傻。如果你不与自己的心声共鸣，人生就会单调而世俗。心声也是上帝的声音，对心声的谦恭和敬畏，亦是在珍视生命的同时，也在体认生命的尊严和可贵。

用心才可以更准确

无论在社会还是家庭，全情的投入会创造出高品质的生活状态。光靠认真还不够，要再加上用心才会形成完整的组合。认真能把事情做对，但用心却可以把事情做到完美。对认真的过分专注也会生成呆板和木讷，只有心灵的参与才会凸现灵动。有原则有方法不叫智慧，智慧是心灵对一个事件当下的准确反映。人生的冷暖也是取决于心灵的温度，将心灵充分地使用，你才有可能在更高的境界上行走。

人生信条的使用不能无所顾忌

在对人生信条的使用上，我们不能无所顾忌，不但要合理，更要合情。所有的应用都不是单一的，而是一套组合，并需要灵活的设计和应对。任何中间环节的断裂和缺失，都是对真相本身的破坏和误读。比如对真诚的运用，正是由于真诚的特性是朴素通明，是彻底的裸露,那它也是尖锐刻薄的。如果真诚的提醒、真诚的教育或真诚的批评构成一种伤害，那就可以选择谎言。如果谎言也是一种伤害，就选择沉默。如果沉默仍然是伤害,那就离开好了。信条是一个僵化概念，而人生必须灵活而生动。

人的教养

教养是人性非常关键的品质，是一些习惯的总和，是精神世界的立体展现，是欲与美好相伴的企图。在权贵圈中，教养给你带来尊严和敬重。在财富人群里，教养让你显现优雅而富足。在世俗的包围下，教养让你超然而清亮。在弱势群体里，教养会激励你心生大爱和慈悲。所以说，教养也是一个万能工具，是人花费终生的努力获取的最大成就，也是最大的骄傲。它具备强大的亲善力和魅力辐射，它润物无声，细水长流。它可以片刻丢失，也可以重新捡拾。它一旦并入正轨，就会表现出十足的坚定和叠加。教养可以与勇敢、幽默相伴，和所有其它相伴。幽默感也是教养中的重要元素。幽默不是缺乏价值判断，而是对世界复杂性的一种更深入的解释。努力去充实你的教养，这也是人一生的修行。

关系契约会导致自由的损失

任何关系契约都会导致自由的损失。与女人关系的确定好比是拿到了汽车驾照，如想开车，就要遵守交通规则，否则只能步行。女人通常的逻辑思维是愿不愿意做，而男人则是想不想做。无论男人和女人都需要认识自己的力量，从而学会嘲笑自己的弱点。女人在交通执法时要灵活，不要逼男人撒谎。如果是那样，他会恨你。但也不要把他的话当真，那你会恨他。男女双方没有一百分的另一半，只有五十分的两个人。要乐观热情地拥抱遗憾，没有了它，给你再多的幸福也不会感觉快乐。就像你不让自己口渴，就不会品味到水的甘甜。

关系的终极目的

良好的关系，可以让人看到自我喜欢的自己那个部分凸显出来，而并非经你捕捉且保留住别人的那个部分。关系的终极目的不是看到了别人怎么样了，而是极致地做自己，看清自己到底是谁。关系虽然要经历诸多的变化与风干，但永远不会真正失败。它所表现的失败是假象，是没有产生你想要的东西的遮障。

责任与担当

责任担当是社会在执行伦理和道德规范时的首要条件。人性的集体沉落加剧了责任的推诿和逃避。责任担当的条件很简单，只需在事件发生时，当事人稍微站在对方立场想一想或首先检讨是不是自己的错，一切问题都会变得简单、有解。但现实的扭曲和习惯的暗示使我们不加思索，自然地把责任指向对方，理直气壮地强加于他人，全力以赴地推卸和狡辩，没有任何的心理障碍和廉耻感的内疚，没理讲三分。记得1995 年在我美国纽约，一次，半夜回家。路上，在一个十字路口与一辆警车刮蹭，当我还没有判断出责任方究竟是谁的时候，那个警察下车过来就跟我说他负全责。这使我感到非常惊讶，完全破坏了我们习惯的思维和处理问题的方式，同时也让我领教了不同文化的差异。现行社会运作得如此不规则和无序，其根源就在于此。责任担当分为主动担当和被动担当两种，被动担当是鉴于事态清晰明确，已公开透明，不得不接受裁决的一种态度。而主动担当则是在模糊不确定的状态下，或事件没有被公开，可以销抹状态下的一种态度。责任担当在大事件中会表现出一个国家的哲学和政治方向，比如对战争、对灾难、对政策的效果、对文化运动等等。在人文关怀中体现得就更加宽泛。人们为什么不分国家和种族都对泰坦尼克号事件的艺术描写持以喜爱和欣赏的态度，其中之一就是在危难时刻人们的责任担当。责任担当既是一个民族文明的起点，也是衡量整个文明品质的重要指标。如果说社会的复杂和多重交叉让你难以正确行动的话，那么在家庭中只面对一个人的单个变量实现责任担当，则是你能力范围内的事。请相信它也是夫妻生活美满舒适的前提，是你必须要具备的人格品质。否则，你必定失败，注定会在失败中蹂躏自己的生命和灵魂。

没有选择也是一种选择

矛盾和冲突是生命的主要特征，生命的进步和成长也是在它们相互作用和拉扯下实现的。与矛盾和冲突相对应的反义词是和谐，它不是事实，是一种追求，一个至高的目标，一面招展的旗帜。正是基于这种理论，我们在对立面前要保持友善，开放和宽容，恰当的退让，适宜的接受和必要的承认和尊重。既然不存在和谐的实状，那也就没有绝对、固定的矛盾和冲突，它们永远都在相互转换和变化。那么，我们对待他人就不要轻易否定，眼里没有藐视，肢体不做侵略的威胁，表情不冷漠。生活行动的前后次序的排列、获取和舍弃的分配，决定了你的选择是否正确。很多时候，人的苦恼来自于没有其它的选择或可选择太多，或没有选择的标准，或者使用错误标准。没有选择也是一种选择。

生命的旅行

人生从出世到入土可以解读为一次旅行，是一场自我发现的旅行。顶峰不是目标，旅途也不是征途，长短由天定，重要的是与谁同行。如果说话水平是由于你谈话的对象决定的话，那么旅途中生命之舞的惊艳则取决于陪伴者的支持和互动。所有故事的精彩就是对人生最好的鼓励，最美丽的馈赠。在这种长途的跋涉中，时间并没有移动。它只是一条深远而又洁白的长卷，由于我们的经过，真实地刻印下生命移动的痕迹，形成了生命成长的底片。当我们到达人生终点阶段，才一起捡拾，一并冲洗，完成生命最后的整理和庄严告别。

隐藏的阴谋

心理学有这样一种解释，就是当一个人在精神上和身体上产生极度疲乏感时，隐藏着当事人自己都不知道的一个“阴谋”，就是勾引他人照顾，内心强烈地生成一种跟他人建立和发展关系的欲望。因为他们缺乏以成人的方式发展正常关系的能力，所以就不自觉地显示自己被动、弱小，以孩子气的角色进行充分的表演，以巩固他们习惯了的疲乏者与照顾者的关系模式，实现别人对他们情绪的抚慰和精神按摩。

自私与自爱

自私和自爱是两个意思接近的情感描绘，对它们的准确分辨，可使我们在行为运用上和心灵的培养有合理的参照。自私行为的目光是往外看，手也是向他人伸展，希望通过获取些什么而得到快感。整个过程充斥着投机取巧、不劳而获、无成本交易或不平等兑换。他们关注的不是自己心灵层面的安宁，而是贪婪欲望的满足。自爱的人则是把目光投向自己，强调与自己心灵对话，重视自己感觉，尊重自己的决定。他们善于爱自己，关心自己。他们遵守规则，坚持原则，考虑了自己，又照顾了别人。平衡是他们始终追求的状态。自爱的人，爱自会洋溢，自然地去爱，自然地与他人分享。自私的人正是因为不爱自己，才会不停地索取，要求别人爱他们。

杀不死你的东西会让你成长

尼采说，杀不死你的东西会让你成长。这句话非常深刻，要细细品味才得要领。尤其是你能有机会对它有所运用的时候，就会感觉到在这种哲学光芒普照下，你所体会到的精神温暖和沁人心脾的甘甜。在生活和社会工作中，我们时常会被逼到死角，时常会感觉走投无路，时常有活不下去的时候。但只要你坚持、等待、忍受，只要你能仍然充满信心地活着，只要你始终挺直腰板咬紧牙关扛起重负，那么一定会有些东西可以让你重拾活的力量，绝地而后生。所谓的大难不死，必有后福，表面上是数理统计之后的总结，强调的是运气在生命中的作为，但背后隐藏的真相是上帝的公平性在时间域内的均匀分布，各种机缘、各种条件、各种可能和任何一个微小元素和作用力对整个系统或整个事件走向的关键性影响。无数看得见和看不见的东西相互作用、交织、缠绕、重叠、你推我讓，所有最后的生成都不是你我所能预料的。但有一点可以肯定，就是最后的结果和状态一定是平衡的。通常你只要没有脱离自然的平面，置身于平衡的任何一个点上，你就不会灭亡，就会重新汲取生命源头新的营养，就会继续成长。为什么说人算不如天算，就是因为这里面最本质的成分和奥妙超越人类认知的范畴，是我们无法解释的上帝的秘密和不能被破解的生命密码，最后都要交由时间来裁决和分配。人生会遭遇很多的不测和灾难，我们无法逃避和躲闪，必须要完成正面的跨越。这是上帝留给我们的试卷，我们没有理由逃课或拒绝。尽量不要把生命说死，要乐观地看到生命的种种可能性。剩下的事就是自我修炼，提升对思想和精神层面的自觉。思想和精神的尊贵必然会带来生命的尊贵、人的尊贵。生命的问题需要生命的学问来解决，生命的因缘也要以生命的态度来对待。

包容了所有才能修成真佛

如果是别人伤害了你，会随着时间流淌慢慢消褪。但你若伤害了别人，那种自责会伴陪着精神境界的上升和道德水准的提高而形成终身挥之不去的内疚。那种以血还血，以牙还牙的同归于尽的绝命情绪是低级世俗的生命观，是没有经过高尚的洗礼和慈悲的熏陶的。君子报仇十年不晚的誓死复仇信念，要消耗额外宝贵的生命力。十年如一日地鞭策自己，这是生命巨大的损耗和亏欠。人们要学习用善良洗涤仇恨，用时间冲刷悲情，用崭新的精神搭建、构筑灵魂的殿堂。抛弃了敌视，你才会荣光，包容了所有，你才会修成真佛。

重大问题的关注

人们会习惯性地对日常生活中繁琐小事，比如买件衣服或添个电器等左思右想，仔细地考虑斟酌、计划和努力，目光和判断被眼前的蝇头小利左右着。但对于人生至为关键的事件，像婚姻、职业等重大问题的选择，反而会把自己托付给运气或既定的现实，草草了之，任其被性情控制。这是精神关注力的严重失常和跑偏。

强者要学会示弱

人一旦重感情，就逃脱不了软弱。全力追求完美，就难免心生遗憾。我们如若能宽容自己这一点软弱，就会继续坚持。坦然地接受人生这些遗憾，我们就必然会平静。强者通常是不具备同情心的，身体强壮的人很难理解被病魔缠身的生理和心理的苦痛。出身显贵的纨绔子弟不可能懂得兄弟情谊，也不肯两情相望。强者要学会示弱，这既是对弱者的尊重，也是自身的重要平衡。示弱是一种智慧，是高尚的境界，是甜美的人文关怀，是走向更加强大的储备。不争也是一种示弱，不争就是放弃了抢夺的欲望，让自己保持更大的弹性和进退的空间。强大会滋生侵略性和占有欲，会傲慢，势在必夺，同时也会把自己的生命固化了，失去了更丰富的生命体验。

人是唯一会自我合理化的动物

人是生物界唯一会自我合理化的动物，会习惯地为自己的行为做合理说辞。所以，理性智慧的人会自觉提醒自己不要过分地相信自我的感觉和判断，否则就不可能完成生命的实质性成长。正是基于此，我们要客观、全方位地对事件、事物进行考量和评价，要反复求证和推敲，不下绝对性的结论，无论是赞同还是否定。比如，对他人的缺点往往是从自身的角度看过去而得出的判断，而且人们对缺点的认定有着坚固的、不可动摇的强烈意志，这种观念一旦形成就很难被推翻、被质疑，极度缺乏反思和检讨。但对他人的优点的承认和接受就显得不那么宽容豁达，要仔细斟酌，举一反三，来回求证，并怀疑它的持续性和目的性。其实无论是缺点还是优点，只要我们不把它们放在自我的坐标去议论，那就可以既不叫缺点也不叫优点，只能称为现象而已。

生命中不止只有爱情

婚姻只是男女双方一起居住和生活的法律界面的凭证和公示，意义诠释过度会使它偏离正道，使本体僵化，是对关系的破坏。很多人都会在领取结婚证的那一刻起，心境即发生不同程度的翻转，将主体意识、自我标准切换到关系中来，积极抢占强调和要求的制高点，以实现对他人的精神占有的布局，完成自我统治力和强制力的前期准备。他们忽略了一个现象，就是婚姻构成的昨天和今天的生活方式并没有发生太大的变化，人还是那个人，事还是那些事，但各自的标准和需求却陡然提升，尤其体现在对他人的精神的一致性和行动的自由性上。这里面有个重要提示，不管是婚前还是婚后，对个体独立性的认可和尊重，不要求人身依附，是家庭生活正常的首要条件，不管对方多么爱你。夫妻双方不仅是独立的个体，而且是不断变动的独立个体。基于这点，我们就没有任何理由对另一半提出永恒不变的要求。也只有这样，双方才对生活中不断出现变化和关系误差做适时调整。上天不会让你的生命永远年轻，也不允许爱情十分美满。目的是既强迫你对时间有紧迫感和必要的珍视，也要求你把仅存的爱的能量平均分配，建立内在本能与外在大爱的平衡，完成天生的狭隘与后天宽宏的互补。能把爱情想象得如此美好，把恋爱抒写得天真浪漫的人是没有真正进入实质性的关系中去，所以他们才会拥有无限的想象空间。男女关系是最神秘的结合，我们不必试图去破解，可能终身都无法理喻。它是生命中最突然的事，又牵涉到生命最深的无明。我们只需心存敬畏，情系真诚，自然合理，既完成了对他人恭敬，也同时庄严了自己，况且生命不止只有爱情。

真爱的基础

真爱的基础是接纳对方的真实，尊重和理解对方的自我期待，不把自己的期望强加于对方。爱是要靠体验与经历不断更新之下的反省和检讨，才能被扩展，被提升，才可以日趋完善。这是一门学问，要坚持不懈地学习和总结。要有发展观，在不同的年龄段做适合这个年龄的事，不执着于过去，把着眼点指向未来，期待婚姻美丽和生动。不要苦苦地指望找一个好的对象，更重要的是自己首先要成为一个好对象。年轻时的爱情是通过爱别人而爱自己，通过被爱的体验之后发现自己的可爱。中年的爱情就会产生次序的倒置，先爱了自己，然后才会真正地去爱他人，是因为自己可爱了才得到被爱。

男人的胸怀是用委屈撑大的

男人之间的沉重的话题是说到自己的女人，轻松的话题是说到别人的女人。男人花钱是为了让女人高兴，女人花钱是因为男人让她们不高兴。能够改变男人的，权力最厉害，其次是女人，然后是酒，最后才是真理。男人的胸怀是用委屈撑大的。

哲学给予我们的出路

正确是我们衡量一切事件的对与错、成与败的绝对标准。但对于正确的必要批判，是我们人生必做的哲学反思。正确作为终极衡量标准的名词身份出现没有任何异议，问题是在对它绝对性的认可，则会阻碍我们自由的想象和灵活的思辨能力。它会将我们导向所谓完美无瑕的狭隘境地，无法腾挪，不能争辩。家庭如果把正确作为绝对标杆，生活状态就必然僵化，失去了生动的可能，带来的副产品是对行为表现得要绝对准确的紧张恐慌感，以至于行动上无为。在社会上则会对自己的各种判断设置逻辑障碍，优柔寡断，自我严重分裂。以简单粗暴的态度理解正确是对生命的破坏性限制。在不正确中寻找正确，在正确中了知不正确的合理性，这是哲学给予我们的出路。

整体的生命考量

人生的完整是将生命视为一个整体，一个系统，任何一个阶段性的失调和部分的停摆都不应该理解成整体的失败。这句话听起来很容易理解，但我们在生活中时，往往对此会迷离或昏厥，极端者甚至会在中途退出生命。理智客观地对生命做整体考量，会使我们对任何事情成败得失有一个智慧的判断和应对，才能够在面临挫折的时候尽快振作，重新出发，并在成功得意之时有所收敛。把挫折限制在某种困难或失败的心理感受上，不要让它变为情绪，更不能让它转化行动。

精神上的断奶

一个人如果热衷于沉浸在母亲的爱河中，陶醉其然，应该是一件值得警惕的事情。长时间的松懒沐浴，会形成对母爱的无私与炽热的依赖。当面对真实的生活的冷漠和温吞的时候，会感觉不适，会伤风感冒。过于浓烈伟岸的母爱，自然让人感觉被奉献是理所应当的事情。及时地脱离母体，才是真正意义上的精神断奶，才真正开始走入社会，才能真正介入生命的深刻体验。

不执着于生命的痛苦

有生命就有生命的难处和痛苦，如果能将苦痛视作是上天奖赏给你的礼物，生命才会喜悦。我们执着于生命的痛苦，生命就会混乱不堪，充满悲情，是难捱的煎熬。我们专注于生命的喜悦，生命就会充满阳光，精彩富足，享受、体验着人世间更多的美好。无论是我们经受了多少苦痛历练，还是收获多少喜悦的丰盈，重要的是我们对待生命的态度，对生命辉煌的感动，对真、善、美的坚持。正是这种主动的鼓励和深情的向往，才会让我们把生命中的每一件事集结为生命的丰富和伟大，也自然会处理好日常中的喜怒哀乐、琐碎繁杂。

夫妻关系的延展

如果夫妻能将对方既看成是情人，又当成是朋友，那是两性关系的至高境界，是婚姻完美的操作。理由是如若以情人的眼光看另一个情人，自然能常看常新。从朋友的角度理解另一个朋友，才会丝丝入扣。现实生活中，更多家庭的夫妇在情爱方面的表现远不及情人，在彼此理解方面又不如友人。他们在结婚前可以是情人，在离婚后可以成为朋友，在婚姻中却仅仅是一对夫妻。

把婚姻当成一双拖鞋

婚姻中最折磨人的并不是激烈的对抗和冲突，而是厌倦和冷漠。夫妻走到一定时候要把婚姻当成一双拖鞋，随意趿拉着，舒服了女人也自由了男人。让鞋子适合脚比脚适合鞋要舒坦得多，谁也别太把谁当回事，拖鞋就是这么炼成的。成熟的爱情像一件内衣，大量的棉，少许的莱卡，体贴又不束缚，温暖却不灼手，张弛有度，收敛自如。模糊自己的视力，削弱先前的敏锐，不争执，不算计。这亦是珍爱，是最后的担当。要警觉的是，如果我们开始在爱上计较得失与回馈时，那么我们也就真的失去了深情的本能。

定能生慧

定能生慧。定是生命美好的状态，是真实的清凉，是彻底的洒脱，是绝对的超然，是十足的醒明。定能反观自己，能看透自身情趣的状态，能听懂心灵深处的呼喊，能真正了解自己爱和被爱的能力，或者知道自己爱的方向和位置。心定才能自我相处，自我欣赏，自行反思，自行搭建精神的高塔。定可以生成生命之外的生命，精神之外的精神。定可以无限扩充自己，定是最终极的自由和自在。定了，才能与神对话。定了，即是行走，行走在从人性通往神性的路上。

爱情的破损

世俗的爱情大多是以捆绑式、压抑性、强迫性、折磨性、虐待性的形态存在的。没有经过精神的梳理和生活成功的锻造,缺乏对真理的求索和人性的约束,就不可能有能力正确地、用心地去爱他人,让对方感觉不到压力。对他人自由的剥夺和限制并不是因为他们心术不正,有意破坏,而是心还未平静,没有从世俗的蚕丝包裹中抽离出来,还在低级的平面上匍匐,无法从容地将爱给予。爱的初始动机都是善意而又亲切的,但往往对过程控制得不当,用错心神,劳损了彼此的精力,将爱打造成伤害的利剑。长时间的痛苦的折磨和争斗即会使我们心灵破损,爱情崩溃,也会将我们的精神做成熟的打磨,最终化作成本支付,换取全新健康的爱的关系。那时你也会发现,爱得轰轰烈烈和爱得平淡真实已没有什么分别了。

爱情带给人的是矛盾实体

爱情表象上给人带来甜蜜和愉悦，但本质上爱情带给人的是矛盾实体。既然如此，相爱的两个人必定要在矛盾的对立中永远抗争，所以我们无法相信爱情会给我们带来持久的幸福。当他们疯狂相爱、肆意地消费过量荷尔蒙时，他们既想从爱人身上找到父母的影子，也同时要求爱人纠正父母犯下的错，以填补之间的损失。爱情是由生理上的性和心理上的爱组成，性能缓解压力，爱会激起压力，所以说，性和爱是完全矛盾的。人们要懂得单靠自我天性是无法完成对生活的编织，这里需要大量高品质的后天贴补和有效的精神处理才能做最后的缝合。不要相信爱情，也不要对此存有幻想和期待，只有踏实准确地持久修正，完成双方精神互换，方可修成正果。爱因为苛求而短暂，友谊因为宽容而长久。把爱和友谊做适当的调配，才会显现出爱的本真色彩。爱的能力也是细节处理的能力，这个能力关乎到爱的整个过程，也决定了爱的高度和广度。

爱情精神的独立宣言

虽然婚姻在形式上是两个人共同组成，实质上在他们各自的心理却只有自己。这不是一种强烈的主观行为，而是潜意识的自我认证。西方心理学主张人格分化，强调个体目的，相信自我人格完整，坚守自我边界。在他们不断重申婚姻是自己的同时，也不停地警示对方，自己并不是婚姻。自己在婚姻中所有感觉到的，是他们的内心知觉与认同所生成的结果，别人不得干涉和践踏。这个双方边境的界定，也是他们各自的精神独立宣言，也同时告诉对方自己对婚姻的感觉不等同于你对婚姻的感觉。东方人更适合镜像原理，即男人是照镜子的人，女人则是那面镜子，男人的自恋和自我认可是通过在女人眼里生成的魅力效果来实现。而女人是通过映在自己这面镜子中的男人是优秀的来证明自己这面镜子的价值。也就是说，照在我镜子里的男人是卓越不凡的，我不是一般的镜子。所以，明白这些道理，才可适宜地表现婚姻的智慧，达到完美的和合。

过度期待是在传递焦虑

真正能影响我们心理状态的往往不是事件本身，而是由它所引起的内心矛盾与冲突，是意识与潜意识之间的分裂与对抗。任何一个冲突和对抗，都会给我们带来压力，这种压力又会适时地转换成焦虑。通常，我们会习惯地试图回避、压抑这种焦虑，但越是这样，它反而就越是紧紧把我们控制。被他人过度期望的本身，也是一种巨大的压力，身心必须时刻处于应激状态才能得到他人的满足。从本质上来说，给予他人过度期待，实际上是向他人传递焦虑的一种方式，是责任的推卸。在极端的例子中，会变成谋杀，比如，父母对孩子的过度期望。

行动是欲望满足的对应

行动是某种欲望满足的对应，是各种情绪的总和，每个人的个性差异也联结着行动的本身意向与自我感觉呼应。有意义的行动需要感情的参与，需要对欲望的过滤和剪裁，也是人性、伦理、道德和价值观的正义表决。谨慎你的行动，把握住它的影响力，控制它的破坏能量，尽可能地让所有行为与社会和时代同向、同步、同为。

女人的精神妆扮

女人总得给自己一个适宜的精神妆扮，要么性感要么感性，当然既性感又感性就十分理想了。如果这些都达不到，那起码要充满着理性思维，始终保持自知之明状态，否则只有接受不幸这个冷酷事实。女人依附感是她们与生俱来的，但学习脱离依恋的负面欲望，才能使其真正的成熟，不然就难于胜任女人诸多的社会角色，也不可能摆脱心魔的控制。凡是希望借婚姻争取自由的女人，到最后都会发现婚姻反而让她们的自由失去得更多。

错误的爱

许多人都会犯同一个错误，就是要由爱别人来寻求对自己的爱。这并非一个有意识的努力，而是潜意识的作为，认为如果我能爱别人，他们也会爱我，我将是可爱的，而我能爱我自己。如果一个人从没有真正地爱过自己，那就很难单纯地去爱他人。人应该清楚一个简单的道理，就是你能为你自己做什么，你也是在为他人做。你为他人做了什么，那也是在为自己做什么。

要习惯与命运讲和

尽管我们连篇累牍地讨论婚姻现象，但始终无法到达真相的核心。要真正看透一个婚姻幸福与不幸几乎是不可能的，再肤浅的婚姻也深不可测。婚姻既彰显两个人之间的所有华美和壮观，也涵盖了人间太多的零碎和龌龊。对它拥有评价权的是婚姻状态本身，最后的仲裁者是时间。当事人不必拼命去求索婚姻的意义和方法，只需依靠善良的本能用心把玩，寻找适合双方条件的方式和路径，尽量用美的形态表现，大方而自然地表白内心情绪。剩下的该对的一定会对，不该对的就让它过去。最后的结局很大程度上要靠上天的心情，这也是固定的命数。不必挣扎，要习惯和命运讲和。

夫妻之道

真正的爱情绝非是单纯情感问题，而是由人一生的修炼来完成的。不要过于寄托我们的感觉，它不但脆弱，而且也不稳定。那种所谓很爱对方的感觉，当遇上满意的替代品时又会立刻化为乌有，过往的深爱和无所畏惧的牺牲顿时显得那么无知和可笑。衡量一个女人的美点，可以拿她所爱的男人为度。对于女人来说，男人身上有女人一辈子也学不完的东西，聪明智慧的女人会把注意力放到欣赏男人身上，而不去充当怨妇的角色。婚姻从来就是一种投机事业，一种需要特别小心的买卖。我们总是强调是否找对了婚姻中的那个人，这是小概率事件，是偶然的巧合，也是我们通常所说的机缘。在茫茫无序的人海中，任何一次挑拣，都附带着极大的不确定性和运气，几乎都不符合你理想的初衷。面对如此纷乱和侥幸，惟有把控自我智慧才是正解。经验表明，决定夫妻的未来美满并不是所谓第一次的正确选择，就像你买了一块璞玉，她可以有优劣之分，但最终作品的价值，完全取决于你的设计水平和雕塑工艺。家庭生活的完整是在夫妻双方共同作用下的集结，该露的地方要露，该藏的地方要藏，这既是穿衣之道，也是夫妻之道。

嫉妒的心理异化

一般来讲，嫉妒是对他人无声的挑衅和实施全面打击的侵略行为，在心理层面上的解释则是他们本身对自我道德的蔑视。人的本性是自我的特长不能被抹杀，同时也不愿意看到他人的优秀得到发扬。在对他人的攻击之后，会从所谓的胜利中收获相对的满足，也可以说是获利了。嫉妒是每个人的天性，只是有不同程度的表现而已，无论是大师还是凡夫俗子都在所难免。既然如此，我们也许把它定义为中性的东西比较合适，不去强调和夸张它的恶或病状。当它伤害了自己时，我们才可认定是病，在它开始攻击别人时，它才是恶。否则我们就会无休止地深陷道德伦理的谴责和咒骂中，永远怀揣着内疚和负罪。年长的人由于年龄的增加及各方面能力下降，脑养分相对减少，就像登山运动员在到达一定高度时，大脑极度缺氧会造成思维狭隘，增加固执感。特别是当他们退出主流之后，随之而来的是一种自然的嫉妒心理异化。

夫妻再亲密也是两个人

人是通过亲情和友情的日常生活中具体的行为，不断地建立和丰富了与世界、与自我人生的连接。这里边包括深爱的事业，深爱周边的人。这种爱的深浅，决定了人生内涵的广度、深度及丰富程度，也决定是否真的充分地活了一回。人类爱情关系的高失败率，主要是缘于为了错误的理由进入关系。大多数人着眼在他们能从中得到什么，而忽略了自己到底能放进去什么。正是由于这个非常简单但又致命的原始条件，使家庭关系如同定错了调的曲子，从一开始就错了。关系的目的并不是有一个能令你完整的人，而是有一个你可以与他分享你完整的人。自我完整是前提，夫妻再亲密，也是两个人。

爱是相互需求的交易

爱在某种程度上是对需求的处理方式。当两个人彼此发现了一个需求的机会，就形成了一个交易。你给我你有的东西，我便给你我有的东西。它本质上就是个相互交换，这种交换既包括精神上的，也有物质层面上的。但又不愿说出真相，不去说我和你交换很多，而要说我爱你很多，然后失望便开始了。我们不要设想从人生中获得保证，那要的就不是人生，而是在排演一出已经编好剧本的戏。人生一旦要求得到保证，就即刻丧失了它所有的意义。人首先要决定你试图去做什么，然后才去考虑怎么做更好的决定，此步骤不可倒置。

感恩是爱情关系的魂

虽然不是所有人都有能力管理好爱情关系中发生的事件，但各自对于自己的情绪反应还是要负起码的责任。先管理好自己，才有权力去张望别人，只有这样才会成长。爱的本质是在原始基础上的生长和成熟，终极是超越限制，走向无限。感恩是爱情关系的魂，要感谢上苍我所拥有的，感恩上苍我所没有的。

以爱的名义肆虐

单纯用美好、甜蜜等词汇来形容爱情，这不是哲学的思考,也不是生命的真相,它只是舞台艺术的夸张。爱情艳丽而鲜活，但正是因为这样，它也极容易变质，而且一旦变质就会非常可怕。在爱的名义下，人们可以正常地、合情合理地使用谋害、强暴、篡夺和死亡等极端手段，把各种美好和诸多的罪恶，都放进爱的口袋里。虽然我们不能完全将这些归咎于爱，但你不得不承认爱的潜质必须要承担这个错。爱的潜质可以诱发各种可能性，它既让我们享受了极致的美好，也时常会使我们痛苦和窘迫。抛弃了爱的潜质，也丧失了爱的品质。过于理性地去限制，爱就会消亡。不加任何约束地放纵，它又可能犯罪。所以，我们如若能在人性本能和现实不自在的平衡中,完成有效的掌控，才有权力和资格去和爱做彻底的接触。不要只因为喜欢而去摘花，还要出于爱不断给花以情感的浇灌。

爱情的不可靠性

单纯评价爱情是不可靠的，必须把它放到具体的境遇里才有价值。我们会发现，在苦难艰辛、困难重重的环境下，爱情通常表现比较稳定、牢固，从一而终。一旦生活发生了巨变，富足、奢侈、权贵成为生活的主色调时，爱情却往往会朝三暮四，岌岌可危。对于前者，并不是他们更懂得爱情，只是因为生活过度的压迫和摧残，把爱情也挤缩在一个较低的水平。对于后者来说，并不是他们不懂得爱情，而是生活的奢华挑逗起了更多欲望，他们要做新的体验和补偿。虽然说患难之交或患难的爱情十分珍贵，但要经历了安乐豪华生活洗练之后，才能知晓是否褪色。遗憾的是，很多时候患难过去了，爱也就过去了，我们要对此保持警觉。

在黑暗中并肩行走

相爱的人的正确关系，是在黑暗中并肩行走，努力去追求各自心中的光明，并彼此感受到对方的这种努力，互相鼓励和支撑。就算到达嘴对嘴的关系，也要保持手牵手的距离。亲近的人之间不应该过分追求互相了解，也不要追求彼此透明，心心相印。心灵对他人来讲也需要用外衣披裹，是绝对的隐私，是灵魂的神秘。我们不能像对待自己身体那样，随意触摸和阅读，那样对于他人无论是精神还是肉体都是一种羞辱和侵犯。我们所能做的只需给予关怀和信任，给予无私的爱，这亦是敬畏生命，是伦理学的深度。

家庭艺术品的创作

一个好的艺术家应该有“票友的心灵，专家的技巧”。票友的心灵就是无拘无束，自由自在，独来独往，无所为而为，这样自会瞄准艺术的原点，避免雷同和庸俗。这种合二为一，集起了艺术的大成，将悠游情丝和生命的坚定镶嵌到他们的作品之中。家庭艺术品的创作也是如此。

婚外性关系的处置

任何夫妻都无法躲避的一个问题是如果对方发生婚外性关系，自己该怎么办？这是两性关系中最残酷也是最终极的人性拷问。你越是苦思冥想，答案会离你越远，只有三种结果摆在你面前任选其一。或分手，或原谅，或者自己也发生婚外性关系，以维护心理的平衡。从理性逻辑角度评价，这些问题都不存在原则性。理智不能充当审判情感的法官，情感需要直觉来做最终裁决，内心积存的爱和恨的数量和质量就会决定了解决的方向。如果爱大于恨，那就选择宽解、原谅；如果憎大于爱，立马分手，拂袖而去；如果实在分不清爱恨大小，权重高低，无妨索性先冷却一阵再说不迟。前两种结局都是在合理的范畴之内，只是第三种出现了逻辑的混乱，它首先取消了问题再回答问题，取消了婚姻再冒充婚姻，剩下的只能靠混沌和无明做赌押，在双方的情绪重新调和之后，做一次似是而非的选择。

没有什么事情是人不能习惯的

婚姻的绵长，磨砺出了本体的柔软和弹力，减弱了刚性破裂的特性，实现了稳定而又温吞的状态。这时两个人是否还再相爱已并不关键，重要的是他们习惯的已不可扭转。无论彼此间的厌恶吵骂还是冷漠无味，都会成为生活惯性将他们牢牢牵拴在一起。如果一旦脱离了这种惯性，反而会使他们丧失生活感、存在感，会无助、孤独和恐慌。生活也就是这样，习惯之下可以忍受所有，所有的事物没有什么是人不能习惯的，即使是非常恶劣的境地，比如说监狱。

心的距离是最近的也是最远的

在对爱的不当使用中，时常会把它充当不喜欢、不认识、不沟通的借口。理直气壮地认为只要有爱，其它正常的沟通可以被忽略。这种现象是父母与子女或恋人、夫妇这些最近的人之间的常客。心与心之间的距离是最近的，但也是最远的。夫妇之间为什么难于解决问题？这是因为他们始终坚持解决问题的最终目的就是要让对方看到自己是对的，他人是错的。遗憾的是，这种结果永远都不会发生。家庭的幸福通常都不是被致命的错误所扼杀，而是被不断重复出现的小错一点点分解掉的。

拒绝怜悯

爱在本质上是一种指向弱小者的感情，是生命之树深扎泥土之下的坚实根系。最本质的爱是充满爱怜、同情、怜惜和珍重，是愿为对方的快乐与幸福付出的心态，是不由自主地想把对方置于自己保护范围内提供情感和身体保护的冲动。真爱不会像怜悯那样，呈现居高临下式的施舍，掺杂优越和施惠的满足，而是给予足够的尊重和真挚的欣赏，温柔的呵护，是无条件的奉献，既不虚饰也不夸张。年轻人在遭遇情感碰撞时，要学会辨别感情成分，留住真爱，淘汰伪爱，拒绝怜悯。

婚姻与口香糖

有人把中年的婚姻比喻成嚼口香糖，时间长了就没了滋味，还累得腮帮子疼。可你把这块糖吐出去，嘴里就会空荡荡啥也没有了。上帝给每个人都配了口香糖，命好的，可以多嚼几块，命苦的一块都嚼不着。和谐并不是要求人和事没有差别，没有矛盾，并不是大家都在一条水平线上。和谐是各自都在社会上找到适合自己的位置，上下左右丝丝相扣的稳定结构，彼此内心喜悦，相互配合和支持。

人很难正确认识自我

人在理解认识自我的时候，经常会被狭隘和固执所蒙蔽，会因为摆不平自己而委屈，总是在二元对立关系中纠缠。强迫自己要么这样要么那样，如果这样了就一定不能那样。其实生命在同一时刻表现得既可以是这样也可以是那样，你做了什么和没做什么都是对你自在追求的解释。过去我们可能把纯洁与忠贞看成是至高无上的标准，但随着岁月的更迭，我们对它的意义又有了重新的修订，并开发了新的行为。这不能说明现在的不对，也不意味着过去是错的。任何个体生命都有他们选择的权利，人本无什么本质，都是被说出来的。人必须具备心理上自我净化的能力，方可在经历与比较中完善心智的成熟，培养独立精神，培养承担以后道德焦虑的能力和自己行为合理化的能力。心灵就像一个降落伞，当伞张开时，才能有最好的表现。

女性在选择配偶时候的直觉

女性在选择配偶的时候，一定会面临由各种条件组成的那个人的挑选，这取决于个人的价值观的状态和对精神、物质的追求等各种复杂因素。如果各种条件相当的话，心底对他人的喜欢程度应该成为重要参考。这种喜欢是她潜意识希望和他在一起的，是各种比较中最真实的感觉，并因此带动以后对自我内在缺陷修补的主动性和自愿情绪，对他人的行为和习惯的适应性的接纳和配合，产生双方有意义的良性循环。这个潜意识会支持她在处理同床那个打呼噜男人的声音时，或听不见或可转化成一种可接受的旋律，否则这种声音会干扰她。其它所有事件可以此类推。生活中的男人只懂得人生哲学，而女人懂得人生。

夸大失恋的悲情是一种无明

人对世间任何事情的感觉都会随时光的流逝和心境的变化而改变，爱情更是如此。如果你的所谓最爱离开你，那就耐心地等候，让时日慢慢冲洗，让心灵渐渐沉淀，所有的苦痛自然会淡化、消失。过分憧憬爱情的美是一种愚昧，不真实地夸大失恋的悲情是一种无明。

快乐是一种思想

悲苦的童年是支持我们倾情地奔向未来快乐的一种累积，不幸的境遇会推升我们拥抱快乐的渴望。快乐是一种思想，是一种情绪，也是一种个性。你是否快乐取决于思想的快乐。生来就悲观，追求快乐也难。懂得控制情绪，自得其乐，就会自然与快乐为伍。快乐需要自我发现、自我感知、自我创造。快乐是重要的影响，是与他人最合理、最亲善的边界关系。快乐是豁达的追随者，是宽容的伙伴。高品质的快乐源于工作中的自我享受和对他人、对社会的主动付出。快乐可以在集体中获取、体验，但更需要学会对快乐的独自品尝。它可以在阅读中，在音乐欣赏里，在家庭的劳作和对大自然精心细致的观察中，在与心灵的对话和生命的深刻思考中。安静而踏实的心理状态也是快乐的源泉，快乐是我们灵魂的主动追求。什么叫贵？就是不把富放在眼里。什么叫福？就是不把富与贵放在眼里。福的表现就是快乐的尽情洋溢和飘荡。

女性的精神自觉和自立

社会的低级评判和老师、家庭的庸俗要求，使当代女性置身于过多社会角色的绑架之中，封闭了她们完成自我内在解放的自由精神，不能在规定时间内完成自身核心角色的认定，同时也将作为女性特有的自我目标和生活意义无情地抹杀掉了。既然环境无法抗拒和改变，那么就显得非常重要。首先要发现和承认自己内心的美好，深切地感受到对自己的爱，然后再去观察和评价他人和社会，做深刻的生命接触。体验是换位思考的延伸，深度和广度的社会实践会让你在精神和灵魂层面有一个更大的开放，更彻底的解放。同时也要警惕自己的道德洁癖，小心在金钱与爱的面前卖弄自尊，要坚决拒绝愚蠢。

广阔并高远的设计

在家庭中，关于时事、文化、伦理、哲学、教育等方面有意义的争辩、讨论和交流能够帮助孩子发展独立的思想、自我判断和批判的精神。这是一种实用而又有效的方法，可以帮助孩子们远离紧张和正视困难，对未来有一种更广阔和高远的设计和想象。

人为什么经常会心生厌倦

人经常会心生厌倦，这是由于缺乏刺激或同一频率的重复刺激所造成的。这会使人陷入缺失感或过多的相同警示的苦恼之中，使人走向极端。比如，开车时遭遇堵车，大多数的人几乎会自动生成近似病态的症状，行动的突然被中断激起了内心的烦躁和郁闷，进而会做出一些不正常的举动。尤其是在如今很容易令人对行动产生依赖的社会环境，各种行为阻断和精神重复施压都会导致厌倦、反感的情绪，使我们在本来不正常的社会中，异变得更加不稳定和不自觉。婚姻的不良状态会有相近的表现，母亲对孩子无数次重复的叮嘱也是这样。

寂寞和孤独

寂寞和孤独来自于相同的本源，但发散出去的却是不一样的光射。寂寞是心灵的孤单，是精神的无助，是灵魂的恐惧。寂寞的人需要把手，需要扶持，需要抓住别人。而孤独的人却是独立的思考，是我行我素，是自我享受的假期。孤独的人要求与自己同在，实现自我心灵对话，要求觉悟，企盼求索，是走在黑夜路上的独侠和勇者。孤独的人有能力认识和接纳自己这个独特的生命个体，能开发自我，建树自我，完善自我，可以为自己负责任。孤独人的生命必定饱满而幸福。男人因为孤独而优秀，女人因为优秀而孤独。

傻女人

任何女人都能变得迷人，她们所需要做的全部事情就是站在那儿，并且看起来很傻。女人这种傻是一种宽容和理解，是被他人接受和爱戴的期盼和等待，是充分的精神准备，随时接纳即将发生的美好关系。聪明女人善意的装傻，会与她所爱的男人构成和谐与平衡。在满足男人虚荣的同时，也会使他们感觉到这是从其它环境和人之中从未体现过的价值和无法获得的尊重。女人一旦深爱就必然会显得傻，但凡看上去傻得可爱的女人，准是沉浸在爱河之中。

男女之间的精神契合

最让男人搞不清楚和困惑的，是女人情感复杂的表现方式。他们永远也不会理解痛苦和委屈竟可以满足她们潜意识的心理需求，甚至可以享受被控制、虐待、剥削或者不能被爱的悲痛。事实就是如此，她们乐于追求爱情的悲壮感，可以用极度的悲悯情绪将幻想化解成痛苦的感情游戏，并深感有所作为。特别是现代女性，她们口口声声称男人只是她们餐后的甜点，要翻身，要独立，实际上内心仍然是极度脆弱，心里非常渴求男人的陪伴。她们还时常给自己制造假象，随意找一个不靠谱的男人，向世人告白我拥有爱情。她们通常会选择逃避人生，把自己装扮成病人去获取同情和爱护，体会被关怀和照顾的温暖，借他人的能量替自己承担压力。这是危险的迷失，是对自我生存责任的放弃。疲累不是自暴自弃的借口，女性真正的独立是建构在与男人精神契合基础之上的自爱。这种自爱并不是彼此凝视，而是看同一个方向。

敬畏和慈悲情怀

有两件事是人们必须做的，那就是对头顶上的星空和内心的道德法则的思考。这种思考会聚集人们内心的能量，会驱动我们走向正义和高尚。长时间的思考会发现它的神奇和无量，会心生敬畏和慈悲的情怀。人生幸福的最基本的衡量指标在于是否活得自由和自在。自由和自在的前提则是你要真实、不做作，不隐瞒事情真相，保持清醒和自觉，坦然接受命运的安排。如此，你就能真正吟唱到深层次大爱的旋律，就会喜乐，就会心安理得，既不否定关系，也不拘泥关系。

生活实际上是一首难听的歌

爱这个词在古代也有吝啬的含义。吝啬是彻底的自我投入，自我收获，自我品尝，独自拥有不可分割的利益。过度吝啬的人极端敏感，易于生恨。一般说来，入骨的恨与铭心的爱属于同质，均是一种因期待而发的情绪。一个人一旦爱上他人，就会表现得吝啬和脆弱。如果进而无休止并倾情地去爱对方的话，本身就会异变为受虐狂。爱情从某种角度上可以说是受虐，生活实际上是一首难听的歌。男女之间是生命的基础学科。

爱是宇宙性的能量感应

恋爱实质上是人性对需求和欲望的一种满足，或是需要付出爱，与他人共同分享甜美，或是要达成自我了解和修行，或是逃避长大，借由别人来承担自己的生命。两个人在一起的集合其实是一件既费神又勉强的事，这里面需要不断沟通和适应，充满着妥协和无奈的取舍。爱不光是两个人之间的关系互动，往深了看是宇宙性的能量感应，纤细到我们不能全然承担，无法洞穿。所以，我们要放弃对爱的贪婪，不要试想着对它全部的占有，不要专注于细节的享受，不要将它置于狭隘的人际关系境内，而是要借助宇宙的能量，在宏大的坐标里对它进行定义和认知。即使我们无限地放大胸怀，也只能实现对爱的部分包裹，其余的允许流向他处。这样才会完成我们所追求的美满，才会支持我们走得更远。不要把爱理解成是目的，它是优化生命的过程。通过爱让我们了知自己的盲从和无力，找到脱胎换骨的起点。每个人都很执着，很难依靠自己实现突破，而两个人的相爱可能会使个体产生有意义的蜕变。

走向大爱

爱情的壮美和明耀，让我们无法直视，让我们昏厥，让我们不顾一切地抛弃所有去追求和占有，也让我们拼了命地去死守和伤害。我们没有从爱情的现实中获得平静和快乐，反而换来关系的负重和盲目的执着，无缘地耗损了生命的能量。尽管这样，我们仍然离不开它，还要继续对它进行艰苦卓绝的远征。虽然我们经受了爱情的煎熬和磨损，但那是证明了我们曾认真活过。重新捡拾散落的爱情碎片，在曾经的爱中重新认识自己，了解生命，走向更大的爱，这是我们不二的选择。爱是我们赖以存活的最大的能量，爱为生命提供了偌大的信念和希望。但爱的本质告诉我们单靠爱情并不够，必须要有更大的爱将我们覆盖，才能让我们看清爱的全部，才能完成爱的所有托付。

大道理与小道理

我们通常被教育，尽量避免以力服人，不轻易使用武力，但同时也容易陷入以理服人的误区。各种经验表明，以理服人是不现实的。理可分为大道理和小道理，我们通常所说生活中的道理是小道理，它虽拥有正义的属性，但它局限于狭隘的范围内，在使用中，无数小道理相互交叉碰撞，充当打击对方和自我防御的武器，对解决问题于事无补。真理则是大道理，有更广阔的覆盖性和说服力，可以使人们顶礼膜拜，无为而治。所以，我们真正需要的是在对他人的理解和关怀中获得认同，给他人空间和余地，而不是以各自的小道理想制造对立和僵持。智慧的人不表现在“是什么”，而是强调“怎么样”。如果双方处于博弈状态，其中一方能做到谦虚、和气，善启发，能忍耐，基本可以肯定他已经超越了自私，臻于爱，居于更大的道理之中，已经提前获利。

生命的符号

婴儿的诞生也是符号认同意义上的诞生，是和一群人的诞生。那个胎儿要成为婴儿，随之关系最近的男人和女人要成为父亲和母亲，还有些男人女人要成为爷爷、奶奶、外公、外婆、舅舅、叔叔、姑姑、姨等等。婴儿及其家庭系统便开始加入一系列的“造人运动”。婚姻也是如此，所以，当事人双方不能把它只当作两个人的事情，而是众多人的身份集体转换和重新认定，也就产生了复杂的连带责任。这时就需要自身扩展更大的爱的空间，更深切的人文关怀，才能有效地应对。

头发与背部

如果说衣服是女人的颜面，皮肤是健康晴雨表的话，那么头发则是女人的心情、女人的情书，也是心情的晴雨表。女人的背是绝对不能弯的，笔直挺拔的背部是整体仪态的核心，它代表品格、意志、教养、信念、坚强、自信和向往。尤其是女人脱离了青春时光，开始步入中老年的时候，那么真实评价是看她的状态而不是脸面。从背部就可以知道她的一切，直背是一种积极的状态，是向上的姿势，是一种丰满的展现。背部挺直让人感觉像一座丰碑，肃然起敬。驼背的形状呈现的是腐朽、落败。

慈悲是爱的终极再现

慈悲是爱的终极再现，是人性的大美，是有思考有精神的生命准备，是主动的奉献与牺牲，是最成功的造化。而善良则是对待人生所持有的一种美好的态度，是对与自己相关联事件的一个柔软而又亲切的应答。从善良到慈悲的过渡，亦是人性向神性的跨越，是灵魂的升华。那时会发现我们可以自如地去爱他人，会像对待爱你的恋人、家人一样从容地付出，并能深切地感到温暖和喜悦，交换微笑和泪水。从此，感情不再有分别，人格变得纯粹和真挚，不再执着于对象的区分，轻轻地在他人神圣的心田上，播下爱的种子。这是爱到最后的也是最温柔的慈悲。

次序的逆反

不自主地被生活、被感觉、被选择、被胁迫是人内心积攒的伦理意识压力，让我们活得很虚拟、很卡通。我们被训练得在认知世界时，必须是已经确定了意识中已经存储的东西之后，才会相信我们眼里看到或感受到的所有，这是次序的严重逆反。在夫妻关系里，即使白头偕老，双方还是陌生人，其中一方是不可能完全掌控对方真实的想法。婚姻的关键是那个人是否能让自己感觉开心、自由、自在，活得舒服，感觉活着真好，至于彼此是否真爱则无需追究。真爱并不是我们想象的那么重要，它只是一个感觉，一种虚幻和不真实的想象，是不知什么时候就偷偷溜进了我们固定思维的程序里，冒充真实，勾引我们做一生的错误追求。恰当地对自己怀疑，可以促使我们进步。

目标的陷阱

目标这个词几乎在所有领域内被使用，而追求目标已经演绎成我们堂堂正正的奋斗口号。但很少有人警觉到目标概念对整个事件的负面作用，也很少有人能感受到目标对人伤害的痛感。在任何事情中，真正的主角是当事人和事件本身，而目标一旦介入，就会充当第三者的身份。如果恋爱时并不是把关注点放在彼此间关系的建立上，忽略品质和内容，只把将对方追到手作为目标实现的话，那么人一旦得手，意义即行离去，还会油生索然无趣和手足无措的感觉。吃饭也是这样，假若你把目标锁定在卡路里的数字上，就会忽略你与食物之间的关系并将此对立起来，自行剥夺生命的基本情趣。所以，在行事的过程中，主体之间的专注是本质，之后才可与目标摊牌。对第三者的屏蔽和处理，关乎我们对生命的真实体验和生活的质量，也关乎我们最终的成长。

不真情的回报

如果人们并不是真心情愿将感情付出，而是把它作为实现未来期望筹码的话，就会对付出的过程和结果感到伤苦和懊悔，会痛恨自己的痴傻。这种不真情的给予必然会换取真情的失落，这是法则。一个人对他人的爱更多源自对未来的承诺，过程中诸多的不悦和失信，会把原始爱的初衷变成权衡和猜测，那么在此后等待的每一天里，担忧、不安、委屈、猜疑、痛苦都将会腐蚀期望，压抑快乐。一个错误的开始，会导致一出悲剧的上演。人不能过于计较，既然要两个人在一起厮守，必须完成真诚的赠予仪式，方可进行下一步的精神对接。感情升华并不诞生于一纸契约或是腰缠万贯，它是来自于心灵的默契与沟通。

信任度的把握

人类彼此间的信任必须在有度的约束下才会彰显出它的意义和积极行为。信任的无度，说明你的情感、精神和心智还不够成熟和独立。无度的信任也是缘于过分的依赖和盲目的接受，才会导致后来出现的种种信任问题。

招惹魔鬼上身的游戏

对外遇的批判是个文化问题。从人性的本质来看，外遇应该是自然的现象。当人们在做伴侣配偶的初始挑选时，不管是如何慎重，都会受限于当时的各种条件和认知程度，使当时的决定有妥协性、冲动性和知障性。当若干年以后，经验和阅历的全面性的提升以及社会的各种诱惑，会使一些人对初始选择产生追补的冲动和冒险，以强调对自我的忠诚将外遇行为合理化。所有文化对它都要产生制约，原因是因为它会动摇社会基座，促使人际关系败坏，会牵扯出下一代的定位与教育等问题。作为个人，则在顺性与逆性之间不断翻转，不停地做人性与道德伦理的撕扯。所以，有了外遇的人要限制和约束自己的下一次，不要将其变成行为模式和人格特质，不要让一生没完没了的纠缠和磨损成为生活的主题。如果将它放到哲学层面去审视的话，就会发现外遇可以是心灵开发的佐证，可以是对婚姻质量的一种调整，也可以是容易招惹魔鬼上身的游戏。

完美主义者不完美的羞耻感

在完美主义者的内心深处，一定隐藏着一个对自己的不完美的羞耻感，他们会将追求完美作为对羞耻感的掩饰和自我救赎。对自尊、自重感的实现也是通过尽善尽美的表现，努力把所有的事情都做到极致，把不完美的自己转化成完美的外界事物来完成的。完美主义者有精神洁癖，不妥协，不中庸，过分专注，执着耐心，有使命感和救世主情怀。他们的内心紧张而又警惕，过多的被攻击和失败，让他们隐藏着对自己和他人的愤怒，并将其深埋，不露其色。追求完美其实是个高难度系数的运动，过度的沉醉其中会把自己置身于边缘化，会为其所累，会造成情绪伤害和精神自残。对完美执着的本质是追求缺陷与失败的本身。正是由于完美主义者习惯为自己制定超高的目标，那么必然会相应培养出强大的控制欲望，而这种欲望在不断地失败打击下极易弯折，会使他们在自责和痛苦中踱步。除非有一天他们终于懂得，生活的现实最终会让完美走开。当我们真正体会并接纳了人性的不足，接纳的本身就让你安然了。

自由只能在内心实现

独立不是自由的同义词，任何人都无法真正地自由，无论在社会还是家庭。真正的自由只能在人的内心实现，比如可以自由地感受，自由地想象。独立也不可能单独存在，失去了其他的参照，逻辑上就被否定了。绝对的独立是一种幻觉，你不可能想象会存在一个不需任何依靠的单独个体。你是一棵独木，也需在大地扎根。你是漂浮的羽毛，也离不开空气的依托。放弃独立和自由的不切实际的要求，也是丢弃傲慢，远离无知。

厚德载物

厚德载物是对大地的最准确的描述。大地的母性是更具包容性，不强调自己的存在，不讨价还价，不讲条件，全然地接纳各种性质的东西。人也是如此，当你忘记自己的存在，接收所有的时候，其实是在获取自由，心享自在，随时能抽离出这个世界，又随时能融合进来。

变化的情感是真情感

不要习惯地将不变的情感当作美好去赞颂和鼓励，这是一个人生误区，也是一个思维陷阱。变换的情感才是符合逻辑的，是一种进步，是鲜活的生命表演。在那个还说不清是少年还是青年的年龄早期恋爱，连自己是谁还没搞清楚，那他们也就不可能完成一种关及终身的情感选择和承诺。但由于文化误导，人们依然持续地大肆赞美，赞美那种因为不正确而必然导致的两相糟践。成熟终究会出场，但也同时承载了无法卸除的重担，中年时期的再准确地发现了所谓爱情的真正的另一半，也只能作为自我精神建设的参考。此时如何正确把握和掌控自己的情绪波动，应对各种诱惑和干扰，是这个年龄段人必须面对的课题，也是一个方向性的选择。接受变化，只有不断变化的情感，才是真正不变的感情，这是事件的真相。

靠得住的只有习惯

女人是以为男人会改变才和他结婚，男人则以为女人不会改变才和她结婚，结果他们都错了。通常人的性格和承诺都是靠不住，靠得住的只有习惯。女性自身最根本的解决其实是女性恋爱观、婚姻态度的解决。

自己的思想会欺骗自己

我们都不会去怀疑自己的思想，更不可能相信自己的思想会欺骗自己。但如果你想检视它的真实性，就会发现我们每天的思想绝大多数都是不正确的。我们可以尽情地对外界所有的事物大胆地挑剔，从吃的、穿的、用的、社会现象到自己的亲人、朋友、同事、不相关的人和家庭行为。可是我们什么时候真正彻底地检讨过自己的思想呢？我们坚定不移地相信自我思想中所有的储存，对与错的标准、应该与不应该的界限、行与不行的区别等等，衍生出来自我的信念、价值观、态度标准。这些东西既用来约束自己，也以此去衡量和批判他人，武断而又蛮横。问题是在社会形态中，无数个自我思想相互的交叉和碰撞，都是在自我执着中产生不可调和的对立和轻视。我们每个人都要持有一种精神的清明，要知道思想是不能被控制的，只能藉由观察它、检视它来调试。我们去张望自己思想的同时，也等同于切断了对它的认同。

苦痛和怨恨

人的一生无法完全躲避被欺骗、被蒙蔽、被利用和遭遇背叛的经历。这些会形成苦痛和怨恨潜藏在我们体内，形成特殊的能量场，保持顽强的生命力。我们要警惕的是它总以痛苦作为食物，在它饥饿的时候，如果你不及时进食喂养的话，它就会制造一些事端来产生它所需要的情绪，以此维生。对被伤害经历的涂抹和修缮是我们一生必要的劳作，对不良情绪的发现和疏导是我们永久的修行，这也关系到我们生命的质量和高度。

怀旧是一种感恩

怀旧是一种感恩，而感恩的人必然会去怀旧。人的爱心不是天生固有的，也不是书本和他人用语言教导出来的，它须经由爱的实践来完成。爱的缺失必然导致爱心的衰败。恋爱是对爱心的重要建设，会使女人更像女人，男人更像男人。男人会在他们的事业中不断陶冶、锤炼，使自己逐渐坚硬强大，而女人自会在恋爱婚姻中仔细培养自己的细腻，使自己更加温顺柔软。男女之间彼此所形成的爱的共进，创造了关系的完美和合。

恐惧的伤害是无限制的

如果一个人处于不被爱的痛苦感受中，那就不要回避，全心地接纳这种感受并且放下对它的接受。我们经受的所有痛苦都是有限制的，一旦形成了恐惧，它的伤害便是无限制的了。感情是人生重要领域，但不是全部。感情的发挥必然会蒙蔽理智。人们之间的生存环境虽然形形色色，千差万别，但生命哲学却处处相通。我们要善于把慈悲当作生命的根，把创造当作生活的魂，不把自己当作别人。学习把小的悲观收集成一个大的情怀。在遭遇痛苦时，需要转化而非忘记，需要对抗而非消灭。要警惕当我们开始感觉对什么都看不顺眼的时候，疲劳的一定不仅仅是眼睛。

美丽而幸福的分离

父母与儿女之爱是以分离为目的的，这种宽宏让并非完美的孩子骄傲自信地成长。夫妻之爱是以相守为目的的，父母彼此包容的婚姻，让孩子有完整的心理安全。姊妹之爱是以相伴成长为目的的，个体的进步是对别人最好的鼓励。人生关键的分别是对于生命冲动和自由具有决定性意义的时刻，是美丽而幸福的别离。

讽刺的侵略性

在很多人的心中，都多少贮存一些对他人某种或隐或现的不满和厌恶，但又会因为自身道德感和其它原因的控制而不能得到充分表达。一旦有人以某种讽刺的方式表达了这些情绪时，他们即会内生共鸣，顺势做一次情绪自我释放和排泄，并自动加入行列，群起而攻之，这亦是一种替代性表达行为。在人际关系的互动中，始终充满着控制与反控制的较量，充满着心智的博弈。彼此的讽刺实质是两个个体相互回应的比对和游戏。讽刺者会将此行为美化为一种艺术或幽默，高高在上，妙语连珠，充满侵略性，将厌恶、轻蔑等情绪做巧妙的递送。被讽刺的对象则会把它视为是丑化和攻击，视为不道德的行为。他们潜意识里都在遵循同一个游戏规则之下的心理投射，把自己不愿接受的缺点投射到对方身上，然后再以讽刺别人的方式折磨自己。

隐性的疲劳

如果你并没有发现什么特别的负面因素让你高兴不起来，那就要检查一下是不是由于长期疲劳所致。一个人不可能总处于兴奋的状态，可以有不快乐的权利。只有坦然接受自己不快乐的事实，才会有效避免做不正当发泄，甚至变成攻击别人的武器。一旦自己进入不快乐的状态，就无需假装快乐，强打笑颜，这反而容易给人造成不诚恳的印象，产生不必要的人际关系疏离感。这个时候必须让自己休息、发呆、偷懒、无为、松散，不做事或少做事，待情绪调整过来之后再重新出发。即使在特殊情况下必须要隐藏不快乐的情绪的话，也不必撑得太久，尽快找个地方找个时间释放掉。我们都有让自己重拾快乐的义务，也只有自己才能把快乐重新捡拾。在社会和家庭中，当你发现他人不太高兴时，你就要事先考量他们是否疲劳了，而不要胡乱猜疑这是不是冲着我来的，避免制造无端的纠纷。

女性的专一

科学研究表明，女人大脑有一个三角区，主要有两种情绪在其中表现：一个是情感，一个是宗教情绪，并呈三角形状越走越专一，越走越狭窄。这也就是为什么说宗教是老太太和女人们的宗教的原因了。也正是由于这种生理结构，导致女性在情感方面的专注和固执，不善于转身和变向，视死如归。

兴趣影响生命的能量

兴趣是人们生命活跃和丰富的最基础元素，是一切发现和创造的原点。高品质、高强度的兴趣会使生命鲜活而有动感。兴趣是人的身体、心理和意识共同集合之下的一种专注、紧张、愉悦持久的心理体验，是一种指向性精神活动。自身生命能量的大小决定兴趣导向是否久远和高昂，是否能够获得创造性的收获。兴趣来自生命本原的好奇，这种好奇心驱动和鼓励着人们对科学的发现与探索，满足人类对认识自然、回归自然的渴望，这种渴望托举着我们持久的关注和吃苦耐劳的情绪。兴趣的大小决定了家庭生活和夫妻关系的走向、味道、形态和对未来的信心。

生命的苦难是永恒的存在

生命的苦难是永恒的存在，生命只有在苦难中历经磨砺，方可呈现它的非凡意义，这是我们每个生命的参与者必须要坚守的生命信条。也许只有在祸福之间，我们才能感受生命的回声。也许只有在面对正确与错误、善良与邪恶、光明与黑暗等大是大非的选择上，我们才能对生命做出准确的响应，才会完成我们人性的终极造化。人一生都游离于祸福之间，当你把别的生命放进你的生命环节来看待，并保持一种基本的谦卑，佛家所说的孽缘就会少。

过分展现美丽会产生侵略感

女人对美丽的过分展现有时会产生侵略感，让他人忙于对表象的应付而忽略了对她内在的欣赏。所以，如果你已经是个漂亮女人，最好还是要把握住上天赐予的这点优越，恰到好处地将美丽做部分的遮掩和处理，立体、全方位地表现美感，让人们痴迷于你背后隐藏着的那个迷人的世界，给予他们更多的情景想象和精神的认同。

自私是走向婚姻的感觉

结婚很多时候是女人感到自己最脆弱、最无助的状态下所做出最适合于自己的一款选择，也顺便把与生活相关的烦琐都带进往后的日子里。想要结婚的女人在情感上肯定很自私，自私是走向婚姻的感觉。在爱情关系里，成熟女人的价值准则是既不要以自我为中心，也不要以你为中心，凡事为“我们”的需要而为。

迷恋与依恋

甜美只能使人相互迷恋，只有痛苦才会让彼此有所依恋。在生活中，希望与现实之间的距离，是依靠人们之间的耐心和韧性以及人格的不断成熟和心理健康状态来缩短的。爱的方位不是质疑，而是尝试和行动。爱的终点不是找到完美，而是在行爱的实践中体会到活着的意义。艳遇也是拥抱世界的一种方式。

幸福和痛苦不是事实

爱情必须是自由的，如果给爱情套上了枷锁，就会将其演变成为一种义务。婚姻是不可能自由的，因为它牵扯到复杂的家庭与社会问题，被约束和控制。它不像爱情那样，纯属于个人问题。幸福和痛苦只是幸福和痛苦的感觉，而不是事实。生命本质是一连串的瞬间感受，而不是事件。

要有别人没法拿走的东西

内心强大的女人是这样炼成的：要善于发现生活里的美，养成看书的习惯，拥有品位，跟有思想的人交朋友，远离泡沫偶像剧，学会忍耐与宽容，培养健康的心态，重视自己的身体，离开任何一个男人都会活得很好。有理财的动机，学习投资经营，尊重感情，珍惜缘分。她们还要懂得，1+1=3 是文学，1+1=2 是数学，1+1=0 是哲学，0.5+0.5=1 是爱情学。女人一定要有自己过好日子的能力，要有别人没法拿走的东西。要想自由，就要有足够小才行。不了解男人的女人只能嚣张一阵子，了解男人的女人则会嚣张一辈子。女人吃醋，酸通常表现在脸上，而男人吃醋是酸在心底。男人长时间注视一个女人是爱慕，女人长时间注视一个女人是种隐形的对抗。男人被女人征服，主要是因为女人有一双理解男人能力的眼睛。女人为男人倾倒，则需要具备太多的条件，包括身体形态、物质财富、品格风格、无私豁达等等。

爱情需要一个好的隔离机制

爱可以有很多层次的呈现，其中美好而又强大的状态是无条件的喜悦和无条件的奉献。前者属于情感层次，后者是行动层次。爱需要耐心和等待，需要在时间中慢慢生成。爱是一种精神素质，而挫折是对它的最终考核。爱情中，一个好的隔离机制是非常重要的，即不适合的人根本就不应该走进你的生活。

感受是个很好的闹钟

我们越是强调自己的观点和思想，就越加感觉到低落和悲伤，这些痛苦源自未经审查的想法。感受其实是很好的闹钟，让我们知道自己的想法有待被批判。人很多时候需要低调，需要谦逊，自己的认识终究是有局限的。如果我们一旦将别人定格和固化，也是在僵化自己的思想，在阻碍自身情绪的正常发展，破坏内心的自由。我们之所以很少去正视双方存在的真正差异，是因为我们始终认为双方的差异是不应该或一定不能存在的，这让我们把简单的差异变成了复杂的差异。对不同的事物、观点保持开放，我们才能拥有丰富多彩的生活，才会维持我们思维和审美的尊严。

评判的标准

评判已经成为我们日常生活中的常态，是我们对他人和事物了解的重要方式。通过评判我们认识他人，认清自己，将他人推远，也迷失自己。生活本身就是矛盾的，每个人对世界都有自己的观点和看法。我们不要把对他人的评判变成情感生活的基础，不要纠缠在对他人的关注上，使用过度就会沦落成伤害、诽谤和侮辱。适当地停止评判，是对他人的尊重和认可，使生活保持开放性，为彼此创造更大的空间和可能性。评判与情绪之间有着紧密的联系，情绪会带动你对评价的冲动，反过来这种冲动引发的评价又刺激你的情绪，会越来越激动，会将观点聚焦在社会的不公平、阴暗问题上。评判别人亦是把不敢承认的自身的缺点置于他人身上。评判别人也是在评判自己。评判是一种心理功能，因为关注别人眼中的刺，能够避免审视自己眼中的梁，从而否认自身的阴暗面，延迟对自身的质疑。为什么有些人比别人更需要通过评判才能感到安心，这是因为他们缺乏自信，其自我意识时常在与别人相似还是不同之间摇摆。为了证明自身的存在，他们只好与所有人斗争，这是一场追求身份的战斗，其根源就是他们找不到自我。只要有生命，就会有评判。我们每个人能做到的，就是保持警惕，少许的自嘲是大有裨益的。当评价与武断混同起来，评判就走上了歧途。停止评判他人意味着承认自己才是情绪的主人，意味着接纳自己的负面情绪。我们停不下来评判的原因来自我们自己是在父母应该这样不应该那样的指令中长大的，特别是负面的情绪总被否定。成人不停地告诫我们不能哭、不可以发脾气等等，但从来没有告诉我们为什么或者怎么样有效地处理它们。渐渐地，我们对负面情绪有厌恶排斥的心态，并且学会不理解自己内心的感受，我们便与自己内心分离了。

忏悔的缺席

忏悔是外来语，我们国人既没有忏悔场所也没有忏悔的主动意识和习惯。忏悔不单是自我解脱和放下心灵重负的仪式，也是灵魂最深刻的检讨和反思，是对自我的重新认识和约束。缺乏忏悔的民族其社会规则、秩序必定是混乱无序，无标准和目标，没有行为控制，没有道德底线，没有纪律规则，也就无从谈起社会凝聚力和集体协作。同样，家庭中忏悔缺席是对婚姻关系最根本的动摇。

心灵的圆满

学习以坦然宽厚的态度面对事物，以心灵的圆满和机警觉察内在和外在。既对美好保持敏感，又不要过分抵御丑陋，避免无故的内心冲突。不让自己的心智总是在比较、衡量和评价中，要让心平静而稳定。高境界的表现是只观察而不产生批判和算计，只是觉知而不定名。

从人性向神性的过渡

我们要相信人的精神属性除了头脑之外还有灵魂。头脑是一种思考能力，灵魂则是一种精神渴望。头脑追求的是知识，灵魂追求的是意义。对灵魂的认同也是人对生存意义、生活品位、生命尊严的敬拜。生命在人身上显现的是动物性，头脑表现的是人身上的人性，灵魂则是人身上的神性，也就是超越性。人的高贵是因为人身上有种种神性因素，有对生命的神圣追求。现在社会对财富和权力的崇拜让我们忘记了高贵。在古希腊古罗马，高贵曾经是最重要的人生价值。所谓的贵就是在生活的言谈举止中，能够主动意识到和体现出身上的神性，端正和庄重做人的尊严。人因为有灵魂而高贵，我们的生命智慧是和灵魂时时关照的，生活的幸福取决于灵魂的纯净，而我们的道德水准则取决于灵魂的高贵。

婚姻是自我的相遇

婚姻和恋爱是两个完全不同的阶段。婚姻是两个原本单独个体的再结合，它的本质是双方重复体验心灵上的开放和契合。婚姻不负责恋爱的寿命，也不承担恋曲变调的责任。婚姻亦是自我的相遇，是男女潜意识中的重逢，是一种牺牲自我的痛苦体验。婚姻是一种人际关系，即使你曾经为了它付出过、牺牲过，都不是为了对方，而是为了自己，为了一种关系的结合而做出的奉献。婚姻不只是一种社会的安排，也是一种精神层面的学习，对彼此真正意义上的认知是婚姻中永远的功课。恋爱使一对陌生人变成了情侣，然而在他们分开的时候却常常发现原来彼此还是陌生人。不了解身边的另一半，也就不完全了解自己。

女人的衣着

英国心理学家根据一个魅力测试得出如下结论：衣着暴露程度达 40% 的女人最有魅力。他计算衣着暴露程度的标准：手臂各占 10%、腿部各占 15%、身体其它部分占 50%，不包括头、手和脚。暴露程度 40% 的衣着标准，是无袖上衣加膝中裙。

夫妻情绪的自觉

聪明睿智的女性更容易就婚姻关系提出一些关键性的问题。她们在对待婚姻问题上会比其他女性更敏感、警觉，有更高的要求和期待。为了目标的实现，她们会严谨和挑剔，也同时把她所处的夫妻关系逼向神经和脆弱。她们过度的精神投入会让对方感觉到自己在做一项不可能完成的任务，过于理想化的爱情企盼，让男人不可避免地走向失败。夫妻是一种关系的连接，在这种联系中既有温情，也存在攻击性。智慧的夫妻知道有时候家庭战争暗流涌动，潜伏着诸多的危机和隐患，他们必须要做出很大努力，要花费很多心血去维护和保养，避免它失控和跑偏。夫妻生活的艺术在于既要懂得欣赏温情，也要学会消除攻击性，不把自己潜意识里的感情强加给对方。

不必担心容颜老去

成年女子相对于年轻女孩来说之所以显得可爱，是因为她们学会了放下，真实地坦露自己，敢于可爱，勇于表现。这里面的心理动因是源于她们懂得对自己的喜爱和相信，知道自己可以变得更好，有权利去爱并值得被爱。她们大胆地放下伪装，不再矫揉造作，表现得舒展大方，悠然自得，从容华贵。来自于内心的包容和接纳情感，使自己周身散发着极强的亲善力，给人一种扑面而来的清爽感觉。女人的魅力是同她的年龄一同增长的，所以你不必担心容颜的老去。

危险的思维陷阱

我们习惯于反复播放过去的那些刻板的画面和僵化的腔调，以此来回顾和评判人生中过往的事件。这是一种未经思考的生命笨拙，也是危险的思维陷阱。在这方面，我们要有编剧或导演般的心灵空间和灵活的弹性，将人生已经演出过的脚本略加剪切和改动，借偶然的发现和其它的视角，就自然会看到新的剧情、新的主题和新的人生意义了。

雌雄同体

无论男人还是女人，他们最成熟、最完整、最有魅力的状态是将自身修炼成雌雄同体、阴阳平衡的状态。其实任何人都有自己的阳气阴质，只是不到一定年龄，没经受生活的全面打磨，没有开化和自行觉悟是不会对此有所发现和觉知的。人的自我真正的实现是在气质上完成最后剩下那么一点点的阴阳和合，由各自的雌雄边界向中间走去，在其中的一个正确位置与另外一方会合。这种精神生命的形成和物理生命的诞生本质上是一致的。然后经过孕育、成长，最后达到自我实现。我们只有在精神架构中镶嵌了性的另一半，才有可能使我们对事物有一个完整全面的深刻体验和切痛的感知，并因此使我们自身更加慈悲、宽厚。那些动辄作践女性或嘲笑男人的人，一定是对自己的另一半缺乏了解和认知，欠缺该有的同情和欣赏。终其一生也许只图个热闹，但也必然是孤寂落寞。异性感的缺失会使他们在处理与身内身外的关系中，建立的是统治或被统治关系，最终难以成为伴侣。

逃避是男人共性

男人们都不愿意谈论自己的困难，他们非常确定这样做没有任何意义，对解决问题没有任何帮助，而且会让人感觉奇怪诧异。他们通常处理的方法无外乎两种，或是让问题继续存在，或是自己去想办法解决。在这方面，男人不像女人那样，在问题面前表现更多的焦虑、不安和痛苦。大多数的女人都会纠结于问题面前，对困难谈论过多，思虑过重，夸大负面能量，极易导致沮丧和焦灼的悲观情绪。女人常常对自己的困难絮絮叨叨，耿耿于怀，拿不起放不下。而男人在没有准备好解决问题之前总是习惯性地试图逃避，也就形成了家庭夫妻间你追我躲的戏剧场面。

男人用不着对女人撒谎

人对生命意义的体会和所获取的幸福和喜悦感，不是因为爱的获得，而是因为付出许多爱的过程中肯定自己生命的价值。婚姻中，丈夫性格及对妻子的态度，将会影响到妻子的内在的精神结构和外在的容貌。尤其是妻子接受了丈夫太多的谎言和欺骗之后，在心理和生理上都会产生破损和毁坏。所以，男人们慎用自己的承诺。信任就像一张纸，皱了，即使抚平，也恢复不了原样。男人其实用不着对女人撒谎，女人对男人的感觉是不需要语言的，男人在时段内对女人的好坏态度，女人判断得非常准确，撒谎没有任何的帮助，反而会影响到自己品格。丈夫在情感上要与妻子做互动和配合，不要麻木呆傻。别总让妻子表现主动，要适时给予准确的回应，往来要平衡。人主动久了就会疲倦，在乎久了就会崩溃。小心关系的微小变化，别疏忽了对情感的培育与呵护。别心生厌倦，别让心田长草，不要让态度蜕变为陌生。要知道最厌烦的感觉不是成为陌生人，而是逐渐陌生的态度。

真正的觉察

一旦我们回过头来反观自己，就会发现我们似乎永远都在对目标进行选择，在各个事件中执着。我们不停地选择那些重要的事，接着又不断地执着于它们，然后总结出所谓的经验，最终把积累出的多重经验自誉为经历了丰富的人生，周而复始。然而真正丰富的人生是从积累的经验中解脱，储存任何经验都会阻碍我们进入未知。在我们成长过程中，允许生命自由地流淌而不留下任何残渣，不保留、不抑制、不选择，即为真正的觉察。我们的心智总是保存某些欲望，但不管它多么强烈，不论多么深刻，都是对我们不当的诱惑和勾引。

微笑和沉默

微笑和沉默是我们生活中重要而又频繁被使用的角色，准确的应用则会使它们成为你有效的帮手，即用微笑来解决问题，用沉默来避免问题。

进化的优势

不成熟的男人在情感应对上，常常会表现得懵懂拙笨，会误读女性发出的信号，高估她们对自己的好感和兴趣，而且越是遇到有魅力高品质的女人，这种错觉就越严重。其实这种自以为是的感觉，心理学解释为一种进化的优势。男性从成功生殖的角度来说，错过一次交配机会是一个巨大的损失。因此，他们宁可相信对方对自己真的有兴趣，不作其他的怀疑。这样对男人来说损失会更小，这也是为什么那些高估自己吸引力的男士往往更容易配对成功。时间久了，自以为是自然成为了男人的一种惯性思维，屡试不爽。

修理的哲学

有人问夫妻恩爱了一辈子的老婆婆：你们之间没出过错吗？老婆婆说：哪能没有呀，冰箱只有三年保修期，人哪能保证一辈子不出轨，出了怎么办，修理修理呗！这个观点很简单，却又很重要。我们若将过去握得太紧，怎么能腾出手来拥抱现在？

简约生活

简约生活并非摒弃物质、抵制欲望，它是一种生活态度，是一种处理方式。它把自己放置在物质、欲望与宁静、致远之间，左右都牵扯着，一张一弛地保持平衡状态。有生命就有欲望，既然我们不能拒绝生命，那也就排斥不了欲望，简约生活也就适当在生命和欲望之间做出关于妥协和调和的设计。简约生活属于小资行为，小资也是生活态度的一种，是在繁华的喧嚣中寻求单纯，是辛劳之后对自己的犒赏，是经过处理的悠闲或放纵，哪怕它有那么一点虚伪的满足。

学习等同于改变

在生命成长过程中，人永远都不能放弃学习，这种学习包括社会学习和家庭学习。学习等同于改变，意味着从习惯方式中一点点挣脱出来，是生命体系的修补和保养，是精神架构的重建。学习会给我们带来思考，会提升我们的文化视觉、文化敏感、文化自责和文化自信，也会给我们带来文化的安慰。坚持学习才会维护你生命的真正长成，才会使你辨识真相，区分伪证，摆脱无明，才会实现自我超越。拒绝学习会让人显得陈旧、迂腐、不新鲜、有怪味，让人在他身上看不到希望，不可托付。

男人的管理

智慧的女人不会试图要求自己的男人坐怀不乱，而是监护和引导男人习惯地拒绝其他女人来坐怀。聪明的朋友不会让友人在自己与利益中做选择，而是竭力创造彼此共同的利益。女人只需管好自己即可，不必把太多的精力放在对男人的管教上。听话的男人不用管，不听话的男人要管也管不住。对你好的男人不用管，对你不好的男人不会让你管。爱你的男人不用管，不爱你的轮不到你管。

女孩的不成熟

女孩不成熟的具体表现如下：把爱情当成生命中最重要的东西；靠衣服来表现自己的气质；轻易为男人盲目改变自己；逢人就讲自己的感情经历；不断问男友你爱我吗；用怀孕的理由挽留感情；总是幻想嫁个有钱人；总是不肯承认错误；把失恋当做世界末日。

夫妻并不是生活中真实的身份

每个人在进入婚姻之前，应该真正地重新检视一下自己，彻底地了解一下自己，对自己做一次全面的体检和总结。这主要是因为婚姻不存在固定的模式，不存在最好的那个对象，能选择的只是谁更适合你。虽然我们都会有这样和那样的虚荣和企盼，但本质上来讲，谁都不是婚姻的展品，而是未来幸福殿堂的共同设计者和建造者。夫或妻并不是今后生活中真实的身份，他们最终是否会蜕变成可爱的伴侣、尽职尽责的父亲母亲、周全的夫婿儿媳等与你相关联的各种合宜的身份，这才是需要关注和展望的。当然，这主要取决于当事人对关系的把控能力，以及生命智慧的运用水准，自我的人性和魅力等综合因素。婚姻是两个人之间的化学反应，不是简单的相加关系。两个最好的化学元素在一起不见得会产生反应，甚至还可能有恶的化学变化。所以说，适合自己才是关键，对此要保持高度的敏感。

对爱情过度的寄托会受伤

对爱情的过度崇尚和寄托，会让女孩受伤。但为了让他人感觉到她是爱情的幸运儿，即使满身伤痕也不哭给别人看，把自己装扮得光彩照人，带着希望坚强地活着。对爱情的向往是每个女孩内心最高级别的精神驱动，是美丽动人的，这无可非议。但对它真相的认知，是必须先要完成的功课，至少要实现精神上的独立和自觉。女孩子经常会被男人感动，盲目地以为是被爱了，但过段时间发觉他其实并不爱你。有时男人能感动你只是想得到你，却并不一定在爱你。爱是需要付出自己，他们对此会显得吝啬和谨慎。要对爱的真假有敏锐的判断，要对感动到爱的过渡的可能性持有一个准确的评估和判断。不要轻易被感动，因为你需要的不是个感动你的人，而是一个能和你在一起的男人。

爱情世界的大与小

爱情的世界可以很大，大到可以装下所有的委屈；爱情的世界也可以非常小，小到三个人就会缺氧窒息。大的爱情世界，即便塞进无数幸福和快乐，还有无限的剩余。小的爱情空间，即使被一脚踏过，就可能变成废墟。男女双方要学会退让，女人只要先退后一步，男人起码要退两步甚至更多。一个珍惜爱的人，从来不会打败对方，喜于扮演输家。真爱，就要懂得让步。多数的女人只对有安全感的人发脾气，因为在那个安全度之内，潜意识知道对方不会因此离开你。女性的胡闹，其实是一种情感依赖。感情很干净单纯，它不需要诺言，不需要协议与条件，需要有这样关系的两个人：一个能够信任的人，与一个愿意理解的人。

过度抱怨是一种毒药

抱怨是一种危险的情绪，它既不能帮你改变命运，也不会有助于改善生活，更不可能帮你解决问题。过度的抱怨是一种毒药，在无休止的抱怨中，慢慢侵蚀你的意志，削弱你的身价，毒害你的身心，使你整体的生命产生病变。人生所有遭遇的苦难、忧伤、意外、不幸等都是你必须承受的，必须要做出表态的自然现象，都是人生必须经历的一种修炼，除非你把所有被你抱怨的事件都看成是偶然的。无论我们遇到了什么困难或障碍，首先要找的是方法，而不是借口。强者都是含泪奔跑的人。

魅力的老人是人生的艺术品

女人的可悲不是青春消逝，年华老去，容颜改变，而是在平淡婚姻生活中的自我迷失、自我退化。人一定要衰老的，但不能让婚姻将女人消磨得失去光泽和优雅，失去对生命妆扮的本能和美丽的向往。女人既然有本事任性，那也必须要有本事坚强。漂亮的年轻人是浑然天成，但魅力的老年人才是人生的艺术品。

邋遢的好男人

人随着不断长大，越来越感觉到幸福不是获得多了，而是在乎少了。幸福通常会与活得糊涂的人相伴，而远离那些活得精明仔细的人。聪明的人看得太透彻，较真是他们的习惯，招引来的是烦恼遍地。糊涂的人，标准模糊，不擅计较，虽然活得简单粗糙，却因此品尝人生的大滋味。生活邋遢的人，更接近自然状态，更容易觅得生命的真谛。它本身所呈现的就是一种包容，一种大度，一种全然接纳的热情，一种舍得和放下了的宗教心怀。这样的人无论遇到什么事都容易迈过去，不专注收藏，不坚持拥有，自由是他们永远的精神操守。最极致的表现就是修炼成苦行僧，赤身裸体，不在乎气候，不在乎食物，不在乎环境，不在乎所有的目光和他人的议论，只是把精神裸露得像他们光秃的头顶。他们要的是对人世间的苦难、悲情、欲望的征服，要的是精神的超越和灵魂的安详。所以说，如果生活配给了你一个马虎大咧的人做终生陪伴，那可能是一件幸事。

女性的优雅

优雅的女人面对生活中一些小事会这样处理：遇到不想回答的问题，直视对方的眼睛，微笑、沉默。遇见不想招呼的人，面带微笑，径直走过。和对自己有恶意的人绝交。人有绝交，才有至交。对那些试图无理取闹的人，安静地看着他们说：祝你好心情，然后离开。

苦难辨真情

如果一个人无论是在开心还是悲伤的时候，首先想到的都是同一个人的话，那其间的关系堪称完美，是最准确对应你的那个人。如果想到的不是同一个人，你可能应该选择想和他/她共度悲伤的那个。这是因为对生活的承载更多的是苦而不是乐，只有在苦难中才能分辨真情。你可以和很多人分享开心，体验快乐，不需要认真分类，但悲伤却只有极少数的人愿意与你分担。有对他人倾诉悲情的主动意愿，这些人应该是你最想亲近珍惜的人，未来的恋人也一定会在此队列之中。

不要被爱情抓得过紧

一个女人如若已经深爱那个人，那就应该开始学会阻止自己，控制情绪的温度，适当地保留情感，不要把他当成你的全部。既不要把所有的话都跟他述说，也不要公示你所有的秘密。这是因为当你投入得太多，就会慢慢地淡忘自己，丧失自我，会在爱情中迷离，找寻不到自己的正确位置，结局一定是不满意的。当你被爱情抓得过紧，也就会慌乱、无措，稍微一点的变化和波动，就可能让你萌发逃亡的冲动。愈害怕失去的人，愈容易失去。如果我们真的想要得到什么，首先要舍得放手。世上有很多东西放手之后是可以挽回的，比如良知，比如体重。但不可挽回的东西更多，比如旧梦、岁月，比如对一个人的感觉。

自我同情的方式

怪罪对方通常是我们大多数人习惯运用的思维模式，在这上面花费的精力远远多于怎样想着去把事情做对。有些人甚至化身为怨气，为证明对方的错误不惜以情感和幸福为代价。这种现象无论在家庭还是社会已成为常态。坦然接受自己的遭遇，而不是去制造对立和争斗，是自我同情的一种方式。

男人与秘密

男人既要面子，也注重自己的隐私。作为妻子，在不过于限制他们自由的同时，也要适当地尊重他们的一些隐私。男人对待秘密是严肃认真的，他们在同性之间的隐私尊重和秘密的守卫，有着本能的自觉，视为是一种庄严的责任和义务。他们痛恨女人背后无遮拦地将他们的隐私作为笑话全盘托出；也极其厌恶他们认为是绝密级别的事情告知妻子，她们事后像呼吸空气那样自然地传播给别人。男人们在没有秘密的时候会显得异常的无助和空虚，视为存在感的缺失。男人的谎言大都是女人由于经常性的追问而逼出来的，有时男人习惯性地撒谎，也是潜意识里对遵守保密规则的一种忠诚。既然如此，妻子就不必去揭穿他们的真相，不要将此上升到品质、道德层面去拷问和批判，这样只能使得他们更加悲观，转而去钻研学习更高级的欺骗技巧。

猜疑是对爱的严重限制

爱是一种天分，不是每个人生而就有，很多人需要后天的学习和实践来补足。但其中还要抗拒干扰，要有定力和信念，不被社会的恶习和污浊影响和破坏而失去继续下去的愿望。还有一些人不是不想爱，而是不知道怎么去展示爱，不懂得怎么铺陈，怎样流转。猜疑是对爱的行动的最严重限制，这是天然的两难结构。猜疑并不是缺点，总是猜疑并不下断语，这才是缺点。

人不必介意衰老

人不必介意衰老，这是大自然的规律，与你无关，无需较量和抵抗。人并非只有年轻、没有皱纹才是美，它只是其中的一个阶段，不是美的全部。从某种角度来讲，人不是一定要美，美也不是一切。对美过度地追求和妆扮是人生的浪费，是对美的严重误读。完美一定是非常自然的状态，如果进行人工干预的话，那就是调和一些滋味，加上开心，或再掺杂点别的什么东西，才会烹调出人生的美味，才会完成生命中的大美。

不要幻想男人会有根本的改变

如果一个女人爱上另一个男人，只需接受他现在的所有行为状态，不要指望他将来的改变作为接纳的一个条件。假如他能改当然最好，否则你就需要想想现有的这些存货你能不能接受。因为婚前的每一个缺点在婚后都会被放大，男人的整体行为系统并不会因为婚姻的建立而有根本性的变化，最多也就是个微调。所以，女人们不要由于潜在改造期望的落空而愤怒和焦灼，变得更加激烈和奋勇，积蓄更饱满的情绪继续完成原始设定的目标。这样做只会重新受挫，对立愈加坚固。女人不管怎么爱她的男人，也不能太委屈了自己。好的感情和婚姻一定是双赢，双方都要感受到全然的舒坦和愉悦，而不是单方面的牺牲和成全。女人要懂得自爱，要活得精彩漂亮。要有忍耐的自觉，既不抱怨，也不解释。人的一切痛苦，本质上都是对自己无能的愤怒。让生活充满阳光，充满笑声。爱笑的女人，运气都不会太差。

生命是有使用期限的

人其实并没有什么事真的非要完成，或有什么目的非要达到不可。我们的心里总是堆满了理不清的愿望，但那些人和事并没有那么重要。这只能说是自我的迷障和不甘心使然。有些人和事，于你的生命无益。生命是有使用期限的，你只能在有限的时间里做有限的事，到有限的地方认识有限的人。所以，要学习认真去做真正想做的事，认真对待你真正喜爱的人。当我们握紧拳头时，好像抓住了许多东西，可能连空气都没抓到。但当张开双臂伸开双手时，整个世界就都在我们手里了。

走进女人的心里

要想走进一个女人的心里，光有喜欢和爱是不够的，你必须要懂得她。要懂她逞强里的柔情，给她精神上的支撑；要懂得她快乐里的忧伤，给她心灵上的呵护；要懂得她的蛮不讲理，准确回应她眼中的期盼；要懂得她心路朝向何方，与她在风雨中一起行走。她其实要求不多，她只想找一个安全懂她的人。准确地懂得比陪伴更重要。

守时是一种修养和美德

对时间的尊重也是对生命本质的尊重。通常来讲，男的比女的守时，有文化的比没文化的守时，成熟的比不成熟的守时。不守时是一种恶习，它不仅会给人际关系带来尴尬，还会使正常生活产生程序混乱。在现代日益求精的社会中，程序很多时候决定着命运。守时是现代生活高度程序化的基础，它已经不仅仅是个道德问题。钻石与牛屎的基本元素几乎相同，但由于程序组合不同，使它们一个成了钻石，一个成了牛屎。时间的组合完全能够改变一个人的命运，不守时等于没有预期，让人没有安全感，就像一个借钱不还的人，他不可能长期借下去。男人也许对女人的欣赏是多方面的，但有一点却很统一，那就是守时的女人更可爱。

过于强调自我实现会生病

现代文化强调自我实现，但过度运用必将强化自我中心的倾向，会生病。今天我们在努力追逐着理性、科学和自我，但回报的是更多的迷茫和困惑。在这样一个时代，我们需要一个更大的东西来呵护我们自己，平衡人生的翘翘板，这个大东西就是灵性和宇宙。

像感觉婴儿一样地感受自己

我们看自己的方法和态度似乎是一辈子都不会有太大的改变，所以对自己的认同，对社会的认同都有一种深化。流动性的概念则提示我们一辈子会有很多的变化，每个年代都有自己的快乐。幸福感是包括流动性的感觉，而认同感常常跟不变、跟本质有关，认同感应该有所发展。我们会从婴儿每天的变化中摄取无限的乐趣，如果随着自身成长、修行，我们也要从自己身上发现每天发生的变化，像感觉婴儿一样地感受自己，那将是人生中最高级的阶段。

幸福感就是方向感

幸福不仅是存在于他人眼中的表象，它更应是一种态度、一种心志，存在于人的自身生活中。幸福就是快乐和意义的结合，不同人能从不同事物中吸取快乐和意义。安全需求没有得到充分满足，人们的幸福观难以向社交、自尊、自我、实现等更高的层面提升，限制了我们的幸福品质。幸福感就是方向感，幸福基本上是一个我们不会到达的状态。但幸福感是我们感觉到往那个方向去的感觉，所以，幸福应该是有关生活流动性的一个感觉。

优点成长的空间

要想让别人接受你的观点并不难，首先要承认自己有缺点，优点那部分才会有成长的空间。让别人接受你的方法也很简单，优先去体会别人的感受，淡弱自己感受的捍卫感。优点与缺点的界定原本就是模糊的，它会因为每个人的立场、看法不同而相互转换。节俭的人也可以理解成小气，豪爽的人亦可当成是鲁莽。这里有个概念必须要搞清楚，那就是原本的优点和缺点的界限并不在我们身上标示，而是由别人内心刻度决定。当你劝告别人时，若不顾及别人的自尊心，那么再好的言语都没有用。

女人爱的是男人的潜力

女人不要将自身的快乐寄托在他人的诱导和启发下来完成，女人真正的快乐是需由自己创造并要对此结果负责。女人的爱实质上是相当模糊的，她们并没有真正爱上一个男人本身，她们爱的是男人的潜力，并相信有潜力的这个男人会给自己带来幸福。这种远见似乎是女人们天生固有的，但生活的压力常常使她们失去这种远见，看不到男人的长处。接踵而来的是批评和指责，但生活状况并未因此而改变，但与男人的对立和排斥却不断加剧。而“你不能让我生活幸福”的概念被逐渐地合理化。婚姻失败的主要原因不是因为没有找对人，更重要的是因为双方的交流和互动的方式产生了错误。

无需躲闪

信任是一个复杂而又难于把握的概念，它紧密地与我们相随的同时，又在不断地拷问我们的智慧判断能力和道德底线。对信任的使用会直接影响到我们价值观的走向、生活态度以及生命的品质。人生本身就是一场博弈，我们无需躲闪，应当正视种种不测，选择自己信任的范围并勇敢地承担其中的风险。唯有如此，自我才能得以成长。

爱情的力量很有限

爱情不宜过分渲染，它的力量很有限，单靠它是不能让有情人白头到老，相守一辈子的，它只是让两个人走到了一起而已。带给女人的安全是男人的责任而不是爱情，带给男人的希望是女人对家庭的热爱和付出。所以说老公不单是一种身份，更是责任。老婆也不仅仅是一种昵称，而是一种守护。情侣或许只需要爱情，但最终变成家人，却需要双方付出更多的妥协和坚守。

拒绝限制

美丽应该是时刻保持愉悦并且富有幽默感。中国传统文化不鼓励女人对美丽和爱有创新能力，要表现正统形态，主动控制人性自然的流露。由此产生的情感麻木与迟钝，集结成了冷感，在未来社会中失去美和爱的能力。对女性基本能力限制的后果，会直接导致衰老。好在更多的人不太相信传统的标准，传统标准正在倾斜，传统坐标也越来越模糊。

女人没有过去

女人应该关注现在和未来。女人要对自己的过去保持沉默和淡忘，因为那是可以分割的部分，是成为今天自我不可或缺的元素，是生命过程中一段必然的经历，一段不可摆脱的体验，不必去向他人告白或忏悔。这不仅是做自己的技巧，也是做自己的权利。社会的价值导向使人们自愿地原谅男人的过去，而对女人的过去却耿耿于怀。男人的过去之所以被人原谅，是因为男人的经历被普遍认为是人生的财富，而女人在此方面却不能得到相同的待遇。人们议论女人，特别是出众的女人，某种程度上是为了满足非正常的心理，或者说是口淫、意淫的一种低俗表现。

喜欢与爱

注意照料他人，关心对方的感受，其目的是让自己活得更好。要学习忍耐包容对方的缺点，幸福的婚姻只能来自于无限的容忍与互相尊重。两个人因为开心在一起叫喜欢，如果不开心还想要在一起那就是爱了。西方的家庭问题在于关系的过分疏离，在中国的问题却常常来自家庭关系太过于紧密。

经历是沙滩上的脚印

光阴像海水，人的经历是沙滩上的脚印。这个印记不管是喜悦的还是悲伤的，美丽的还是丑陋的，终会不断地被海水抹平。无论男人还是女人，他们的价值不在于别人的评论，而在于自身素质的培训。优秀的女人一定会有些非凡的经历，浮躁的女人容易屈从于过去的结果。女人要训练对过去的超越能力，这样看上去就会是全新的。而那些被自己过去征服的女人，总会让人感觉有拖泥带水的痕迹。智慧的女人应该有独特的创造力，她会用全新的生活去巧妙地覆盖自己的过去，会让人感到她生命的页码每一面都光亮如新。成熟是女人生命必然的走向，或老练，或透彻。老练会让人感受到世故，并容易联想起复杂的过去。透彻则会让人体验到简单和亲切，推动他人幻想与她的美好未来。

勇气并不是不恐惧

学习尊重自我内心的热情并培养它的温度很重要。亲密的人际关系是幸福感的信号，最有可能直接带来幸福的感受。接受失败，不要让失败的恐惧羁绊了尝试新事物的脚步。失望、烦乱、悲伤是人性的一部分，是自然之事。允许自己偶尔的失落和伤感，然后去做些什么来让自己感觉好过一点。勇气并不是不恐惧，而是心怀恐惧，但依然前行。没有远见，就自然会寻短见。

自私的天性

当人有自私欲望的时候，就会习惯性地不相信他人，这是人性使然。即使这样，我们也应该在某些时候做完全无私的行为来调整自己内心成分的比例。比如，在施舍乞丐的时候，就不应等待人家对你说声“谢谢”。自私的天性需要经常被提醒和教化，以便增强人内在品质的抗腐蚀能力。当你能有效地催化出正向的能量和潜藏在内心深处的慈悲，才有可能与他人做相互信任的交往，你的世界就会愈加明亮。

痛苦是女人的项链

女人经常有向人述说自己痛苦的欲望，就像展示自己的项链一样，所以有人说痛苦是女人的项链。情感是女人最大的痛苦源，女人喜欢无病呻吟的潜意识是想通过痛苦使得男人或现实为她们让步。她们在痛苦中不断品尝甜味的同时，自身也会再让心灵来一次有分量的觉悟。女人的特质，决定了她们终生注定难以摆脱痛苦，因为痛苦是女人发自骨子里的一种需求。女人可以经历很多痛苦，但不要有不幸。

爱情与欲望的属性和边界

在婚姻关系中，精细地鉴别爱情与欲望的属性和边界，就会在运用上找到准确的方位。爱情是需要安全感和相互了解的支持，而欲望则要有惊喜、不确定和意外来供养。爱情要求亲近，性欲则需要距离。两个相爱的人不必让别人相信自己是天上的一对，地上的一双。似乎在任何事情上包括性都要共同进退，才可以证明婚姻的成功，这是一种低级的错误。经过艰苦的努力，虽然会使他们相亲相爱，仍然能够和睦相处，但同时也不再有性爱的欲望。

女人要成为生活的主动分子

如果一个人婚前就很不幸，那么也不要企盼婚后会有什么根本性的改变。从统计数字上来看，无论是未婚人群还是已婚家庭，能实现幸福的只占20%左右。即使幸福的未婚造就了幸福的已婚，但大约也只有两年有效期。双方当事人必须努力奋斗，不断创新，才能继续维持。将幸福建立在对现实有充分理性并实际的认识之上，是接近幸福本质的前提，不自欺是个较关键的心理因素。智慧的女人，不会被执着和占有欲蒙蔽自己，十分清醒如何经营和管理爱情，善于做出妥协和让步，并具备引导力。坚强的自信是女人摆脱痛苦、发现出路、恢复自由的精神指南。她们无惧对手，不逃避，勇于正面接触问题，巧妙而灵动。她们理性地分清与他人的边界，坚持他是他、我是我的原则，忽略实力高低的比较。不侵犯，不退缩，维护正义，崇尚和平，主动合作，保障公正。所以，这些女人悠然洒脱，平和安逸，永远成为生活的主动分子。

挽留魅力是女人的生命自觉

挽留魅力是女人终生忙不完的活，这是件好事，是一种生命的自觉，是自我鞭策和鼓励，是对未来一种美好的持续想象，是无意识中的正确，是积极向上的奋勇，否则她们将习惯性地怠慢慵懒。当自我提醒和约束感渐逝，女人会慢慢走向中性化。这种中性化不是那种经过生命设计和对精神终极追求的灵魂中性状态，而是生活中那种不男不女身份的自然堕落。当别人已经不再把你当成女人来看时，再急三忙四地忙活，还不如最初就坚持做一个魅力女人。

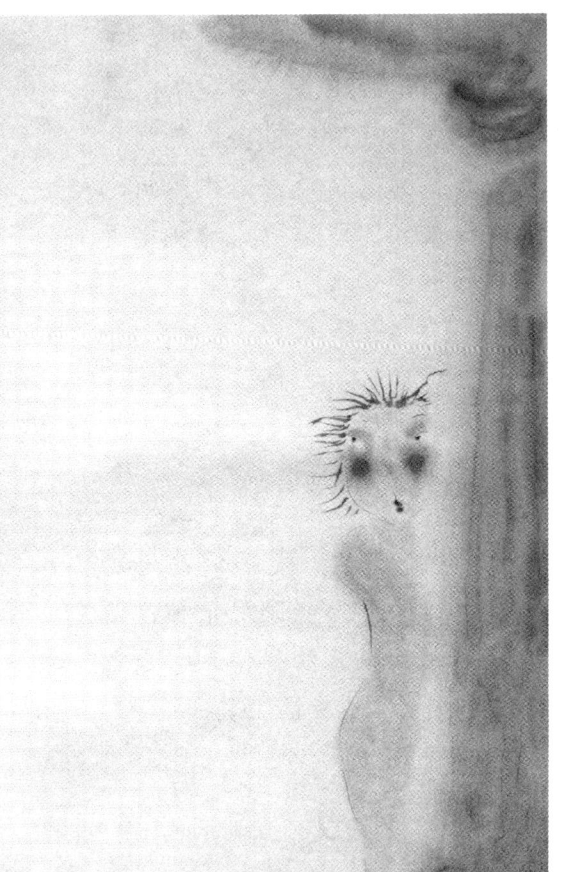

拒绝掩饰和做作

生活中，有太多的女人对感情的表现和处理存在极大的误差，虚伪造作，目的性太强。这样做实际上证明了她们不懂得感情，是精神的严重错位。对于人性中最严肃、最庄重的情感，如果你不持有敬畏之心，不真心与之相抱，任何一点戏弄和取巧，都是对神圣的不敬和玷污。对生命本质的不真实，会让人自然推理到其他行为和品质的低下，甚至会遭到大部分或者全面性的否定。在这里需要给出一个忠告，既然苦于不懂感情，那就先试着学习对感情的理解和认知。在准备实践时，先检查一下自己是否准备真心投入。只有这样，才不会因唯恐丧失表示感情的机会而焦灼和不安，才不至于阻碍自然淳朴的感情流露，才能拒绝掩饰和混淆，远离盲目和愚蠢，你所作所为都将接近正确。

幽默也是一种哲学理念

幽默与哲学理念属于同一个范畴，是高级的思辨行为。它们所产生的能量和作用力都能取悦精神，颠覆思想，转换我们的世界，揭示隐藏的秘密。它是魅力的组织者，是解决问题最有效、柔软的工具。

男女生活模式的对立性

男人的本质决定了他们喜爱选择单人模式生活。他们的心理结构是自恋性的，无论先前的注意力和目标是怎样，但最后的关注点总是转向自身，落在自己心里。虽然伴着成长，他们也会相应地建立关系，拓展活动范围，但他们会将所连接的诸多关系都视为是附加性的，属于外在部分。而由于女人的天性，她们会使用双人模式来思考、生活和自我建设。这种双重性自然会被她们扩展，并运用到伴侣关系之中。这也是为什么说爱的能力是女性天然的特质。男人要去行使爱、驾驭爱，则不是出于本能，是经由和女性亲密接触后的学习和体验所获得的能力，在这个过程中，认识到自己还有女性那一面并予以接纳。自我认同感较强的男人可以从容地接受自身女性的特质，自如地与她们建立融洽的关系。对于缺乏自信、自我认同感不足并怀疑自己强大的男人，很难真正进入到异性的关系中去，他们总在提醒自己必须表现得像个男人，不自觉地将自己阻隔在爱情之外。爱情是一种关系，它建立在彼此基础之上，男女气质的整合与调剂决定了他们的走向，精神的契合左右着他们的耐心和毅力。男人的女性气质是属于潜意识范畴，是原始的冲动，没有思考就转化的时间和空间。他们无法对爱有一个准确的描述和解释，羞于用语言来表达自己的感受，浑沌而又拙笨，只能采取行动，用行为代替话语。

视死如归和视归如死

当我们跨越了年轻的门槛，结束了诗一样的生活，挥别了童话般的画面之后，真实纯粹的美和活力逐渐消瘦，疑虑和恐慌就会接踵而至。原本活泼浪漫的女孩慢慢变成了僵硬古板的妇女，蹲坐在道德的圆圈里，倚靠着忠贞牌坊，梳理着痛苦的牵挂。她们算计着柴米油盐，思量着下一次的盘问和斗争技巧，维护自己存在的合理性，花费一生的时光思考死与生。这一眼看上去显然是一出悲剧的场景，和刚刚翻过去的那一页造成强烈的反差视觉，婚前的视死如归无情地演绎到婚后的视归如死。其实我们原本是有能力避免生活如此悲切，如果可以的话，最简单的方法就是给自己找一个精神恋人。

敌人与上帝

一个人最大的幸福满足感源于将自我的认定与道德的认定高度融合。只有当我们能够清醒地认识到自己的时候，才会更准确客观地认识他人。一个人如果善于了解自己、反思自己和研究自己，那么他们一般不会对他人有过分举动，不道德的行为也相对较少。我们都是自己的敌人，只有自己才能打倒自己。我们也是自己的上帝，只有自己才能拯救自己。不要轻易愤怒和憎恨，当我们用手指向别人时，也同样有三个手指正在逼问自己。

男女之间的三种关系

男人和女人之间无外乎存在三种关系。平行关系，无论走多近，离多远，总是默默地对看过客。相交关系，越接近的时候越兴奋，相交过后却越走越远。心电图关系，有时离得很远，有时又离得很近，但似乎永远连接而不曾走远。不是每个人都适合白头到老，终身相伴的。有的人是拿来帮你成长的，有的人是拿来一起生活的，有的人是拿来一辈子怀念的。分清彼此，正确对待使用。

中年的风采

好的中年，是人生最精彩的片段，是生命成熟的仪式和庆典，是完成助跑之后的腾飞，也是结束了飘荡游离后最终坚实的着地。中年后我们明白了，所有奔波的最终目的是为了去改变自己，几十年的辛勤打拼是为了换取平静和安详；发现了少年的狂妄和青年的浪漫是上苍给我们的奖赏和礼物，品尝之后我们需获得更多的生活感悟和人生诠释；清楚了人世间根本就没有十全十美的女人，也不存在完全合乎女人心意的男人，相对好也就是理想中的那个好；懂得了苦难、悲哀、失败是人生必要的调味剂，由此才会比较出快乐、幸福、成功的珍贵；知道了人不能只为自己活着，还要有社会的担当、责任，要拥有使命感；警觉了人要心怀慈悲善良，要包容、大度，要拒绝腐败；理解了人生所有的一切顺其自然即可，维护心灵的生动和身体的完整健壮是我们一生的努力；感悟了生命之上还有精神，还有灵魂，那才是我们终极的向往和求索。

情绪是生命能量的正常流淌

情绪是生命能量的正常流淌，我们不能武断地将它阻隔或切断。我们的文化鼓励对情绪进行压抑，这个问题是非常值得商榷和讨论的。准确地来说，情绪不是被控制，而是要对它进行有效的疏导。强调控制情绪，这个概念本身就是对情绪不加分类的全面否定，并会同时伤害到我们的精神和思想。似乎只要我们有情绪了就是错的，我们不平静了就是不理性。这样做破坏的不单是生理气流的正常秩序，也影响到我们对事物的思维和判断。以至于在处理事件时无所适从，优柔寡断，彻底丧失了真实的自我，丧失了直觉的天性。时间久了，必然会沦为感觉的奴隶。我们应该善待情绪，即使有时它激烈、痛苦，那也要温柔地倾听它的申诉，耐心地听完它的全部。现实中，我们通常有很多情绪可能无法控制，但是我们可以发现和改变引起情绪变化的因素，从而让我们理智地调整情绪中的行为。其关键部分不是要求我们立刻改变情绪方面的表现，而是逐步、清晰地了解形成它的真正原因。只要我们不把情绪管理建立在自我认知的基础上，就会更好地了解自身，客观地认知和理解问题，情绪自然会舒展而温和，不至于演变成攻击他人的利器。情绪也是我们生活的动力，是连接生命关系的气脉通路。用心呵护和保养自己的情绪，也是在积聚驾驭生活的力量。

向前的逃跑

即使是理智的人，一旦坠入愤怒陷阱时，也会变得极不宽容，极端狭隘，甚至不可理喻。当人们被某种情绪俘虏时，思维和觉悟神经会随即中断，理智空间也立刻变得非常狭窄，这种负面情绪会改变我们看待自己和世界的方式。所有不合时宜的情感表达，都是心理脆弱的表现，社会永远都会鼓励人们要有所约束、有所控制。我们愤怒的情绪之所以能被激发出来，除修养、教育等因素以外，还源于我们头脑的僵化，是对不同于或过多地偏离于我们标准之外的反对，对颠覆性变化的不适应和反感。但凡是一成不变的伦理都是危险的，拒绝变化是在妨碍生命的成长。只限于解决和认同自己已知的问题，亦是不满和愤怒根部的最初始端。不正常的人，才会企图让现实世界适应自己头脑里的想法。自我改变是一个要长久保持的行为，是一生的功课，是自然发生的事情。如若为了改变而改变，则会让人筋疲力尽且毫无意义，是一种向前的逃跑。

不可忽略的观点

专注的女人显得美丽，这样的女人就算不是天生丽质，也有一种自信从容的美，也只有这样的美才能和时间对抗。相似的性格、相似的人生观是婚姻生活最好的保障。托付终身前，要看一看他的家人。一味愚忠的男人，心里对妻子的尊重是有限的。不能沟通，说明你的幸福还没有保障。如果爱他，接受他的现在，别幻想他的改变。婚前的每一个缺点，婚后通常都会被放大。人们似乎热爱自由，其实只是痛恨主子。对男人制约不要过火，不要让他把你视为精神控制的主子。女人总是爱欺骗自己，因为比欺骗别人来得更容易。如果他对你的付出心安理得，不懂回报，那他就有大男子主义嫌疑。当你开始怀疑意义的时候，就是最难坚持的时候。浪漫是一袭美丽的晚礼服，但你不能一天到晚都穿着它。当你感到不幸福的时候，一个很重要的解决办法就是走进陌生人社会。要找到一个特殊的人只须一分钟，去感恩他得花一小时。一天内可以爱上他，但是要去遗忘他可是一辈子的事。十八岁女人希望承诺，二十五岁女人怀疑承诺，三十岁女人痛恨承诺。女人起码要做到善良，善良是一种聋子能听见、盲人能看见的语言和文字。起床也是一种仪式，变换心境等于变换生命。当你打开心胸，便会学到更多。爱是需要付出与获得。感恩的人是忠诚的人，感恩的深度亦是做人的高度。

知道和相信的哲学命题

知道和相信是人生哲学两个不同的概念。知识是一种相信，但知道不是相信，而是真知。真知不是某种加诸在你身上的东西，它是某种借着成长而进入的东西，人不会透过知识而成长。一个人的贫乏不是知识的缺失，而在于对事物本质认知的匮乏。我们的精神是贫穷的，通过累积知识来隐藏贫乏，这并不能解决本质问题。知识并没有帮助我们成长，我们仍保持着原貌。知识还会编织出一种欺骗，让我们感觉是已经知道了。其实我们就是自己内心的世界，知道而不是相信自己。知道了自己的愤怒，就知道了所有的愤怒。知道了自己的暴力，就知道了所有的战争。知道了自己的爱，就知道了所有的甚至还没有发生过的爱。

庸人自扰

心理学家做了个实验，测验者每周日晚把下一周的烦恼写下来，投入烦恼箱。3 周后打开箱子，结果超过 90% 的烦恼都没有发生。据统计，一般人的忧虑，40% 属于过去，50% 属于未来，只有 10% 属于现在。而 92% 的忧虑从来发生过，剩下的 8% 则是能够轻易应对。这叫世上本无事，庸人自扰之。

生命的修行

西方文化鼓励人们培养自我存在感和独立个体意识，东方伦理则更关注大心境界，倾向于完全避开自我中心的阶层，与他人实现大同。西方的心理疗法，关注于修复个体的自我，东方修行的目标是超越自我，以达到解脱，获得绝对的美德和开悟。这种哲学路径能激发某一意识阶层，带来完全的自由和彻底的释放，脱离苦难的根源。所谓的修行实际上是精神新陈代谢的过程，是使自身能量高效地转化，加快心灵的成长速度，是潜意识的排毒，也是自觉的革命，从中充分体现存在的意义。

做善良的守卫者

人只有走好已选择的路，不选择好走的路，最终才能修成真正的自己。我们当年对曲折的向往，对冒险的追求，对波澜壮阔的渴望，最后都集结为内心的淡定与平和，发现从容才是人生最美的风景。当年如此期盼他人的认可和承认，如此乞求外界的接纳和包裹，最后才明白从来就没有救世主，只有自己才是自己的上帝。当年的投机取巧，算计和争夺，最后才懂得所获取积攒的一切终将会失去，只能空留一抹浮名。我们终于感悟到了，优秀品德并不是对险恶所作出的无畏和勇敢，而是在经历过苦难煎熬之后，仍对当初善良做忠诚的坚守。我们丢弃了幻想，捡拾起成熟，真实地拥抱世界。不再把真爱理解成是单纯的给予，还应当包括适当的拒绝。还要附加及时的赞美、恰当的争论、必要的鼓励、温柔的安慰和有效的敦促。

气场自身就是独特的政治

好的修炼会提升人自身气场的能量，让他人敬畏你的实力，敬重你的人格魅力。气场既不是气质，也不是气势。气质是一个内在涵养的悄然流露，丰富立体，有着摄人心魄的力量。气势是力量对峙的相互较量和威慑。良好的气场是人内在能力的启动，自然洋溢出来的天然力量。好的气场体现的是充分自信和坚强，不会因为危机而贬值，不会因为年纪的增长而虚弱，不会因为地位的卑微而渺小，不被物质所左右。它使人热爱自己，亲切而友善。有感召力和穿透力，调动他人为你的目标而行动，并能影响和改变他人。气场自身就是一桩独特的政治，与人的意志力有关，接受灵魂的指引。

胡椒面

同事之间最重要的是宽容，朋友之间最关键是包容，夫妻最佳关系状态是相容。建立在这种关系上，就不怕出现意外的误会。即使出现了某种意外，也就像是一盘菜中的胡椒面，让你打两个喷嚏，却仍感觉痛快。心灵饱满的人一定是对自己无条件喜爱的人。

生活垃圾的排放

即使我们用心躲避，适宜地隔离，但仍然不会摆脱很多精神垃圾对我们的污染。有些人身上积累了过多的负面情绪，充满了沮丧、嫉妒、愚昧、烦恼、抱怨、报复、愤怒、贪婪、仇恨、傲慢、偏见，失望等等。气人有笑人无，他们随意倾倒心中不断积累的垃圾。有时候碰巧被我们赶上，也不必要将它们收集，再散给我们的家人、朋友或其他人。快乐幸福的人绝不允许垃圾参与到自己的生活中。

时间会使人忘记爱情

我们失去的东西，本来就从未真的属于过我们。过去就过去了，不必惋惜，无须追讨。我们都会天真地认为，永远会很遥远，但它可能短暂得看不见。“对不起”是一种真诚，“没关系”是风度，如果我们付出了真诚却换不回来风度，那只能证明对方还不够优雅。只要脚还踏踏实实地站在地面上，就决不要把自己看轻。只要还是地球上的一份子，就别把自己看大。爱情使人忘记时间，时间也会使人忘记爱情。因为所谓的幸福而爱错一个人，也有人因为爱对一个人而幸福一生。两个人不能相爱在一起就无须忍耐，因为一辈子也没多长。身处逆境，既不要委曲也不必求全，更无须奋起反驳，要放下、略过。不要在重组自己的偏见时还以为是在思考，清透明了是我们必须要保持的状态。

女人的自我提醒

女人应该经常提醒自己，是否能很有品质地养活自己，家庭成员是否会为你而骄傲，老公需要帮助时你能否随时助他一臂之力，他碰到问题时是否第一时间想与你沟通，你是否始终保持一个良好的形象等等。这种自我提醒是有利的自我检查、自我勉励、自我推动的规程。女人要懂得投资自己，要拥有创造的能力和智慧，以便在后半生获取更多的安全感。在无法改变现状时，只能先改变自己，否则生命就永远停留在同一点上，失去了进步的可能。男人爱你的态度取决你爱自己的程度，当女人们把所有的时间和经历做为牺牲投入，而忽略了自己的进步，就会失去老公对她发自内心的尊重，这也是最重要的。

把生活看成是一个玩笑

对一些爆点低，容易动怒的人，我们最好不要给出任何的回应，不要跟他们较真。否则你被他们激起的恐惧、愤慨、紧张等负面情绪都会被对方所吸收，会补充他们的能量，支持他们更大的情绪爆发。要学会把生活看成是一个玩笑，要轻松活着，其乐融融。

心态不能改变心态

经验使我们发现，在家庭生活和社会活动中，一个人的态度并不能决定他的行动，反而是行动有时候会决定态度。人要想改变自己的心态，就不可能期望用心态改变心态。这是因为人们已经非常习惯地为自己懒惰寻找理由和借口，但这种找寻从来不曾因此而受到鼓舞，立即变成行动。当一个人沉浸在行动中，就会发现能容易地掌握自我，调动自己的情绪，从而调整和生成更进步的积极态度来。

不让灵性消沉在欲望里

面对亲密关系去做一个发愿解脱的勇士，修成一个利他的智者，说出自己心里想的，不活在猜测对方和等待对方里。做自己愿意为对方做的，不让行动总是停留在自己的头脑里。表达自己想要的，迁就和忍耐不能减少的烦恼。学习和对方共同成长，不让思想虚度在时间里，不让灵性消沉在欲望里，只关注耕耘，淡漠收获。

孩子是一个古老的灵魂

父母与自己孩子之间的关系有远有近，有好的也有不那么好的，有些关系相对简单，但也有很多相互间存在着复杂的牵扯。面对这些人类最近的血缘关系，就是再聪明、再智慧的人，也深陷困境。很多的事说不清道不白，断不开也离不了，越梳理越凌乱。其实如果将这个深刻的人性关系放到宗教层面去考量，就会有超越我们境界之上的解释。孩子与父母是累世因缘的关系，而这个累世纠缠有好有坏。你的孩子不单是父母生命的结晶，他们本质上是人类的一个孩子，是宇宙本身诞生出来的生命，是自己所有转世的历程，是自己过去生命的旅程。这个生命与父母有一种共同心灵上的契约而加入这个家庭，是一个古老的灵魂，比父母还要有更丰富轮回转世的经验，只是籍由出生当我们的孩子而已。从心灵的观点来讲，孩子其实不属于父母的，他们有自己的个性、独特的人生观和独自的生命智慧，有自己所有转世的历程。如果父母在相处层面上看不到这一点，不能互相包容和尊重，不能彼此学习和进步，就一定会不断爆发纠纷和冲突，形成情感的强烈对抗。爱是一门功课，孩子是来陪父母一同完成心灵成长的，父母要给予孩子必要的信任，这将会帮助孩子释放出心灵更大的能量。

生命的真相

我们通常所说的爱自己，爱的不单是自己的肉体，更重要的是那个本来不生不灭、不垢不净、不增不减的那个自己。爱自己就是要细心呵护自己会呼吸的身体，无条件地接纳自己的所有，要允许不舒服，不痛快以及那些负面的情绪流经自己，不留下痕迹。让已经过去的永远过去，把它们滞留在过去，不要让它们对当下的生活形成牵引和羁绊。拒绝诱惑，宽恕所有。做自己本份的事情，只是陪伴和付出，不祈求回报。不活在原因、理由和借口里，不祈求他人的接受，不被动地生活在被认同的世俗圈子里。无分别，不期待，对自己的一切负全责。适当地肯定自己，欣赏自己这独特的生命，让自己全然感受到自然、自在、平和、松散、喜悦、快乐和满足。

爱制造了最近和最远的距离

人是因为爱来到这个世界，最终也会因爱难以得到解脱。世间关系就是这样，总是由亲近开始，以淡漠结束。虽然两个人的紧密拥抱让心贴得很近，但彼此又看不到对方的脸。即便那两颗心之间紧密无缝，但也可能在一个呼吸之间就会变幻莫测。在诸多关系里，亲密关系最难解脱。因为有爱，也就培育出许多的关心和帮助，增加了坚强、分担、包容等良好品德。也是因为有爱，无端生出了更多的抱怨、占有、仇视、伤害、排斥、淡漠等等。世上最近和最远的距离都是爱制造出来的。很多亲密的人有的是报恩，有的是讨债。这些人可能是夫妻、父母、儿女、情人，可能是朋友、同学、战友、师徒等。亲密关系冲突的发生不仅是因为对方没有满足自己的要求、对方真的错了，也是由于你没有满足对方的需要，对方想要的不一样。这种差异没完没了，不断扩大，最终形成不可愈合的伤痕。

听出那些没有发出来的声音

为自己烦恼和忧伤垫底的，从来不是别人的不幸和痛苦，而是我们自己的态度。感情通常会这样，你伤害别人，无论有意无意，总会有一个人再来伤害你。一个人的最本质、最真实的不是他们向你显露的那一面，而是隐藏在他们所不能向你显露的那一面。所以，你如果真的想要了解他，不必去听他说出的话，而是要去听他没有发出来的声音。

心灵的等级

心灵是按敬畏之心、慈悲之心、感恩之心、宽容之心的品级来排序的。心灵最高境界是敬畏之心。它活动于信仰和宗教范畴内，是极致的人生态度，是所有美好的原点。第二境界是慈悲之心，是海纳百川的肚量，是高山仰止的气势。第三境界是感恩之心，是人世间最大的谢意和鞠躬。第四境界是宽容之心，是对行为最广泛的包括。

复杂关系的考验

如若想在关系里和谐相处，互敬互爱，彼此共同提携成长，就必须先打开自己的心才会看见别人的心，先满足了自己的心，才能同时满足别人的心。修行真正难的不是在深山独处与世隔绝，不是在禅坐中沉入某个境界，而是在复杂关系的考验中，我们已经习惯了用猜测代替真实，自创烦恼，自我伤害，有太多的秘密要埋葬，有无数的情愫要隐藏。但心灵有它自己的方向和选择，它会把那些想要隐藏和埋葬的都暴露在心外，借助外界的力量自动寻找填补和追忆，把一切压抑毫无察觉地投射到外界，完成一轮又一轮的自我欺骗。

希望和失望都不是善

希望和失望虽然表现的是人对某些事件张望的方向，但本质上却都是知识的缺乏和心灵的软弱无力。它们均由痛苦的恐惧支撑才得以存在，而痛苦又与恨是近邻，彼此亲密搭档，极易衍生轻蔑、愤怒、仇视、报复等低劣情绪，所以希望和失望都不是善。

父母自我修行的实现

父母是孩子一切问题的根源，孩子每一个顽固坏习惯的背后都是爱的匮乏。每个灵魂降生到世界上都不需要督促和催逼，只要给予足够爱和自由，他们就会自行体验，这是每个精灵的天性。教育的本质是父母的自我修行实现，对自己的觉察体验的深度取决于本身的谦卑程度，对孩子评价的前提是先要反观自己。对孩子最好的教育方法就是不教育，如果把自己的认知如数地灌输给孩子，必定会造成他们或多或少的思维僵化，让孩子失去相对的超越能力，剥夺了他们应有的想象力和真体验。不要打扰他们跟书或物的关系的建立，不能遏制他们本能的学习和冒险。

性与爱的契合

性与爱的紧密契合，只能在双方自由意志之下才有可能实现。任何不自由的爱与自由的性，或自由的爱与不自由的性之间都寻觅不到情感灿烂的触点。有的只能是在道德伦理与复杂人性中，找出一个相对平安无味的中庸路径，平淡的婚姻和彼此冷漠的无奈。每个人在婚前都应有这个常识准备，婚姻的真相就是如此。

占有和拥有的辨识

占有和拥有是人们面对生活重要的两种态度。占有强调的是持有绝对的控制力，不可侵犯的私有权力，唯一不二，不分享，不给予。拥有是含有较强的公共意识，主张共同持有，不执着于占有，喜爱赠予和共享，注重使用而不索取，某种意义上讲是真正的放弃。绝大多数是在执着于占有，无论是物质还是感情。真正能拥有情怀的人，则是很少。正是基于此，我们在使用爱的实践中，更多的是在乎满足自我，统治对方。嫉妒生疑，限制他人自由，限制了彼此扩张与成长，把生活压缩在低窄的维度里。真爱他人的本质是共同拥有，起码要给予对方全然可能的支持，放宽他人的自由自在的空间。彼此给予的爱越多，收获的爱才可能变得无限。不会分享，所有的只会死去，渴望的瞬间便等于失去。对于占有，我们不可能完全放弃，但至少可以存留一些对拥有的想象和追求。这是对文明的尊重，也会让我们有可能逃离世俗死循环的庸态。

爱的四项基本原则

父母之爱的四项基本原则：不占有原则。孩子是上帝赐予父母的礼物和财富，而不是家庭的私有财产，父母要把孩子当作独立的个体来尊重，不要把父母的思想强加给孩子。爱和规矩的原则。真正的爱，是爱孩子的同时，给他们穿上规矩的防护服。规矩一定要早制订，否则孩子就会反过来给父母制订规矩。在规矩中体现爱，在爱中设立规矩。情商先于智商的原则。情商是孩子一生快乐幸福的基础，从小父母就要注意培养孩子的情商。根据共同成长的原则，教育孩子要改变自己，给孩子立规矩，父母先要守规矩。

自身独特的文化密码

青年时期解决的是物与事的关系，中年阶段主要处理的是人与人之间的关系，而到了老年，关注和思考的则是人与自己、自己与大自然的关系。每个人都有自身独特的文化密码，在一定年纪的时候都会自然启动，区别的是我们本身是否能及时发现和准确地接受。

笑容背后是咬紧牙关的灵魂

人性中有一个需要弥补的缺陷就是完美情结。实际上，我们每个人都会对自己不满意，清楚自身的不足和短板。但在具体运作中，却不能公平地以自己对照他人，过分敏感他人的行为和思想，强烈地要求对方表现得完美无缺，甚至一个很微小的错误或误会都能导致关系损坏。这是人潜意识里对不完美的拒绝。通常我们对自我的不完美接受程度还是过得去的，问题是接受不完美的他人以及不完美的世界却存在着很大的距离，无情地进行挑剔、比对，不放过任何一点小小的过错。很多时候，我们人生的拧巴在于盲目并执意地追求一个并不存在或永远达不到的目标，挫折不已。同时又把不满和愤怒投射到那个目标人身上，像吐痰一样，把怨恨自然地喷在别人身上。在反复中不断积累负面情绪，继续加大裂痕，更加相信自己的正确，也与他人拉开了永远的距离。要学会责任自负，只要是出于自由意志做出的选择，就要自己担当，不必紧盯着别人该负什么责任。只须管理自己，悦纳自己，学会温情以对。在这艰难的世道上，只有柔软的身躯和美好的心灵才能让自己在颠簸中不受折损，也才能让身旁的人因坐卧自如而心向往之。培养自己拥有愉悦正向、温暖安详、稳定健康的情绪品质，用大爱将自己与他人连接。所有的笑容背后是咬紧牙关的灵魂。

动了心机，天机就不见了

人要真正消除无明实属不易，只要我们动了心机，天机就不见了，我们仍然会迷失，仍然执着下去。只要刻意地去找什么，去要那个东西，反而偏偏找不回来。人性初始时坦荡纯洁，一清如水，可以看见最美最透彻的东西，这是上苍的安排。经过红尘洗礼，风吹雨淋，我们都从那唯一的圆点向四周离散而去，形成了各自独有的精神世界和思想架构。彼此间沟通又隔离，交往又防御，赠予又索取，相拥又敌对，动尽了心思，花费了心机。当我们走过之后，回归成为必然之路，但是否能圆满，那要看我们的修行。这也是上苍有意的设计。我们并不需要为曾经的碌碌无为而悔恨，也不必为曾经过手的龌龊而羞愧，所有的一切最后都将成为考核和历练，丰富我们的生命。一直没有离开过海边的人没有资格说只需享受阳光即是美好的人生，从没出过大山的人也不能断言与峰峦相依是生命最重要的依靠。只有那些在世上真正走过一遭，用生命完成了一次次惊心动魄的冒险，才能做出最准确的判断和总结，才可能像原始的生命那样，重新穿越，观看到人性中最美的东西，触摸到世间最本质的实相。

痛苦催促智慧的成长

不管我们怎样躲避痛苦，逃离它所带来的恐惧，但你必须对它致以深深的敬意。所有生命存活下来，都应该感谢的一个感觉，即痛觉。痛使我们警醒，使我们机敏。它催促智慧的成长，心生善良和悲悯。苦的比照，让我们知道蜜的甘甜，体验到美好的珍贵。它是一种精神鼓励，一个人性推动，是关于记忆和反省的思考。当所有生命包括我们自己完成之后，也要充满感激，隆重谢幕。谢是非常根本的善意。花谢了、草枯了也是一个善意，因为它觉得已经完成了自我的生命。树的折倒不是悲哀，不再飞翔的鸟儿不是悲哀，所有生物最后的告别不是悲哀，这是所有善意的集合，构成了大自然的壮美与和谐。整个宇宙都在告诉我们这一点。

心与身

科学数据表明，真正好的身体不单单是生理的维护和保养，而是取决于生理和心理的平衡把握。心可以影响身 80%，而身只能影响心 20%。心能转换，即同如来。

现实让我们异化了自己

现实逐渐让我们异化了自己，失去了相互体贴、相互取暖的本能。体贴是身体的贴近，然后传递体温。但现在我们每个人都在用硬壳保护起来，机警的防卫，在物理层面上实现体贴已成为不可能。有些现代文化的概念也不鼓励支持我们去关心爱戴他人，恋童癖让我们喜欢儿童的天真受到遏制，同性恋切断了原本亲密无缝的自然联结，性骚扰推远了与异性的关爱距离等等。再加上被帮助或解救之后感恩的吝啬或讹诈，使人们的情感严重受挫和伤害，善良的本性和天真像水土流失那样严重。英国人治理由工业污染所造成的空气雾霾花费了五十年的时间，德国人用了三十年，日本人努力了二十年。我们真的不知道今天的精神污染在未来要花费多长时间才能使我们的民族恢复灿烂的文明，要做多少的精神补偿才会使社会秩序进入正常轨道。

不可丢失的生命自信

人并不仅仅是因为时光的流逝变得衰老，更多的是随着理想的毁灭才出现了老人。年轻的魅力并非粉颊红唇和体魄的矫健，最核心的是那个心灵中的状态和头脑中的意念，并由此带动着创造潜力和生气勃勃的朝气。六十多岁的男人不比二十岁的年轻人缺少这种胆识与气质，但岁月和失败的创伤可能会在灵魂中镶嵌进了恐惧、忧虑和失望。自信的丢失毁灭了他们创造新生活的能力和欲望。实际上，无论是八十岁还是十八岁，都会被未来所吸引和驱动，充满着渴望和憧憬。只要我们还能接收美好、希望、欢欣、勇气和力量，就可能维持着年轻的状态，保养着生命的灵动和鲜活，还有随时准备冲动的欲望和冒险。一个八十岁的老人登顶珠峰也佐证了这一点。

谎言的免碎结构

谎言的最大恶处不是它的内容，而在于它本身的“免碎结构”。被它攻击的那个人虽然最知真相，最想辟谣，却失去了辟谣的身份。

感知心灵，让善先行

老子有个哲学观点，即天下皆知善之为善，斯不善也。天下皆知美之为美，斯恶已。他老人家清醒地透视到如果天下人都在谈善，那个善就变成危险的概念，会变成一个外在的形式，失去了它最本质的意义。在哲学领域，常常会把善归到伦理学来讨论，美归到美学。但只要我们仔细研究观察，就会发现现实生活中善跟美是很难分开来说的，它们像一个生命共同体，彼此相生相伴。孔子儒家哲学是把善的定义放在美之上，老子的哲学在谈到善的时候都会带着美的问题。美本身只有善的陪伴才会真的美起来，很难想象恶的东西或事件能让人感觉到美。美始终都在那，但它需要被发现。对美的本质的发现是经由外向内的感知完成的，即是向内的发现，而不是向外的发现。家庭生活中美的实现也是如此，先感知心灵，让善先行。

深陷抑郁时可适当地表达愤怒

爱抱怨的人对他人的抱怨敏感，心理学把抱怨看成是一种诉求或者欲求不满。习惯性的抱怨会导致情绪低落，精神忧郁，对此我们要保持警觉。当感觉到不高兴时，就必须强行把自己拉回到自然规律中。现在很多心理健康问题源自我们的生活违反自然规律和基本的自然活动，比如睡眠、饮食、性等，还包括人的情感联结。当我们感到悲伤时，让感情自然流淌，不要积压，这些泪水和愤怒的本身都有治疗的意义，只要悲伤能在我们身体中自然流动，疗愈就会自然产生。当我们深陷抑郁时就适当地表达愤怒，这也是有益的情绪疏导。

极端的人格

童年动荡不安的生活，使他们远离父母，被寄养或流浪，得不到父母的重视和爱抚，被排斥在主流之外，情感得不到应有的尊重，心中积满了对自己的沮丧、无助。这种痛苦和愤怒成长的经历，使他们在日后生活中，强行地为自己贴上权力符号来报复过去的一切。这些人在所有的关系中充斥着侵略性和挑衅欲望，不容许被他人命令或怀疑。一旦遭此待遇，立即不顾代价和成本，颠覆甚至诋毁对方。他们质疑所有与自己相关联的事与物，从不会以积极的方式去解读他人的意图，周边充满着争斗和戒备。伤人的讽刺、威严或愤怒是这些人的标签。他们难以获得内心的平静，自然也失去更多甜蜜的品味及与他人美好的关联。这些人要正视自己的情感，了解愤怒的原因，通过身体运动和艺术活动让自己替换能量性质，完成本性的修正和腾挪。

生命必须有裂缝

孩子要容许自己犯错，生命必须有裂缝，阳光才能照得进来。同时要敢于表达自己的观点，敢于顺从自己的欲望，敢于接受不同的人群和不同的文化，学会减轻负罪感。这样他们才会超越父母的期待所形成的障碍,才能翻转由于家庭环境的死板,父母过于苟求,情感和精神生活被压在学习成绩之下的被动。亲密关系是我们最容易忽视的一个死角，所有的问题都会以爱的名义堂而皇之地出场，合理地扼杀和剥夺孩子们自由的灵性和无拘束的天赋。所有的这些都是对本性和欲望的残忍阉割。

过于自恋会使自己生命拘谨

自恋的人有时会用自己脆弱的表达方式来建立公共关系。他们不愿冲突，善于协商，宁可吃亏也要逃避一切暴力。这些人适应性强，容易与人共情，善解人意，懂得倾听和化解矛盾。这些品质会让他们容易成为朋友或伴侣，但这种奋不顾身地追求和平也要付出额外的物质和精神代价，失败之后会比其他人更感到沮丧。人在生活中要学会接受，不必一味付出，敢于说不，这样可以克服对冲突的恐惧。

看不见的能量分配

生命的本质不在于基因和机体组织或肉体这样的物质，而在于看不见的能量分配和物质形式中包含的信息。如果有一个赌博游戏，投一枚硬币，正面赢，反面输，输赢都是1000 元，通常人们都不愿玩这种游戏。虽然输赢金钱是一样的，但痛苦的情绪会更大。心理学家把人放进核磁共振里面玩游戏，发现失去1000 元的痛苦跟赢得2000 元带来的快乐的激活相等。有个心理学家花了四年时间跟踪了73 对夫妻。四年后，生活仍然美满的，他们的正面互动和负面互动的比例大于或等于5：1。如果一开始正面互动跟负面互动少于3：1 的话，四年之后出现婚姻问题的可能性就比较大。

勇敢也是指向心灵的定力

勇敢的定义并不只是单指坚强无畏或敢于牺牲，有时候是指向心灵的定力。定能生慧，强大的定力会让我们潇洒自如，处世不惊。现代社会的悲哀就是鼓励我们越来越学会用脑子生活，而缺乏心灵的能力。勇敢也是面临窘事难题时，从容不迫，清醒地摸到自己的出口。

生活本身是清淡的

设想找到一个爱自己的人，每天都过得好，这是不可能的事。生活本身是清淡的，首先要回答自己能否跟这个人经历琐碎繁杂的生活打磨。生活的重点是立足于现实和完整的人生，要坚定地承认痛苦的价值，降低对幸福的期望。女人最重要最有效的支持系统就是老公,这是一种身心相伴的支持系统，是最深的支持系统。但也要明白，维系感情的不是坦白或全盘托出，而是要考虑对方的感受和接受能力，有所保留。

保持正向的思维通道

心理学上有一个很重要的效应，首固效应和近固效应。每天晚上睡觉前想一下全天发生的快乐事情，持之以恒地做这件事就会改变大脑的神经通路，把这种思维通路变成一种惯性。中国夫妻互动模式通常是悲惨的，过于负面化，习惯提示和披露不良事件，不善于讨论和关注积极的细节。必须改善这种习惯，双方才有共同进步的可能。

潇洒的告别

丧失和离别是人生必须要面对的悲情，同时还要处理接踵而来的哀伤。对哀伤的理解和处置，决定了我们未来的生活态度和精神质量。哀伤不必刻意地去压抑和控制，不让它开始就无法把它结束。压抑的情感会损伤我们的身体，破坏我们的情绪，使我们正常的生活无法继续，替代的亲密关系不能登场表演。哀伤并不只是关于丧失和离别的情绪，主要是因为一起带走的还有我们的安全感、信任、习惯、依恋、希望、温暖、快乐和幸福等，所有的损失难于承受。适当的躲避可以给我们提供一个疗伤的静地，在那里喘息、舔伤，使自己重新站立，重新整合，重塑坚强，这与勇气无关。总有那么一天，我们也要离去，怀揣着丰沛的经历和爱的感受，遐想着下一个落脚地，那便是幸福，就是圆满。

幸福感是由关注点所决定的

人的幸福感很多时候是由它的关注点决定的。比如运动会上拿铜牌的人通常比拿银牌的人要快乐得多。铜牌获得者感到的大多是幸运，差一点就站不到这里了。但拿银牌的人则会认为真不幸，差一点我就站在最高处了。这个案例告诉我们，关注点不但左右了我们的幸福指数，也决定了我们世界的模样。当我们总是充满成功喜悦的时候，即使是失败，本质上也是成功的。相反当你总是关注失败的那个点位，即便是成功了，其最终意义也是失败的。生活的悲剧不在于一个人输了，而在于他差一点就赢了。

感恩会改变人的天生倾向

宗教仪式中都有感恩这一项。基督教徒吃饭之前先要感谢上帝，这种仪式会强化人们关注生命的光明之处，自觉地驱逐心中的毒性情绪。所以，心理学家在做婚姻咨询时不让夫妻谈太多的问题，而是鼓励他们婚姻中曾有过什么优良品质，共同度过哪些美好时光，欣赏对方什么等等。如果人们正向地去回忆婚姻曾经的精彩和美丽，就能有效地唤醒以前彼此的感情，其结局可能会走向光明。小孩的教育也是要培养小孩的优势，引导唤醒他们蛰伏在生命深处那些信息和潜能，把关注点从阴暗转到光明地带。感恩是一个有效途径，它会改变一个人的天生倾向。

彻悟程度与痛苦深度

人的终极自觉是主动揭下伪装的面具，这是人生一场重大的胜利。一个人彻悟的程度恰等于他所受痛苦的深度。过于伟大或者过于卑微的行为，过于高明或者过于愚蠢的思路，过于奇特或者过于陈旧的话语，都是值得怀疑的。

受虐会产生快感

人受虐待到一定程度时会产生快感，无论是躯体虐待还是精神虐待。因为受虐达到某种临界点时，大脑会分泌一定量的神经递质，让人感觉快乐，以此保护整个精神系统不要崩溃，也让人能够不作徒劳的反抗。有人甚至主动讨要受虐，这种人可能从小缺乏关爱，期待更多的关爱，或者是另一种寻求关注的需要。或是施虐的人往往都是受虐过的，比如反败为胜，后来者居上，这些用语都在描述这样一个转化过程。他们积压了反抗的心理能量和愤怒，会带动他们转换角色。当释放情绪的时候，同样在展现真诚的人性，每个人的底牌建立在我与你的人性是平等的。如果一个人迷失了自己的痛点，就活得更迷茫了，这亦是一种掌控权力的游戏。通过看到对方的愤怒体验到别人的无能为力，从而产生了掌控的快乐。

成功是一种持续的进步

成功并不表现在权力和财富的拥有或其他别的什么。真正的成功者应该是今天比昨天更有智慧更慈悲的人，比昨天更懂得爱和宽容的人。成功是一种持续的进步，是终成正果的满足。

进步是灵魂的独舞

进步是一种前行的状态，是积极向上并赋有进取精神的奔波。进步能使人们增加自信和骄傲感，深化自我价值和自我肯定，温暖心灵，提升情绪和自主意识。进步同时也会滋生排他性和独立情结，自觉封存，享受孤独。如果从关系配置角度来讲，进步的速度的快慢是需与周遭关系保持相对的合理距离和位置。其对象牵涉家庭成员、朋友、同事、敌人等。在意识形态上包括社会、文化、审美、情感等。过于强调自我发展，会引出诸多矛盾和冲突。进步的同时还要注意平衡，太快就容易摔倒，是向前的逃跑。夫妻间的共同进步是家庭关系重要的平衡运动，任何的差距都可能带来失控，是潜在的危险，会造成生活成本不必要的浪费，会伤及生命中极有价值的那部分精华和积淀。一个社会进步过快，亦会产生副作用，可能会引起革命行动和变革，会带来资源的破坏、分配、公平、腐败等等问题。真正的进步应该是温和的、开放的、不偏激的，具有极强包容性的一种行为，是灵魂的独舞。

乖孩子其实是挺危险的

规则是社会为了维持公共秩序所制定的标准，对规则遵守的程度间接地反映出一个国家的文明程度。每个家庭的规则是父母或家族最有权威的人意志之下所张贴出来的习惯、价值观、目标、方向等行为守则。家庭规则应该建立在各个成员均能接受的基础之上，有义务维护所有人的感受。但大部分家庭都偏离了这个基本标准，使孩子们遵守规矩就等于接受折磨，承担痛苦，他们就会逃避和对抗规则，有智慧的孩子则玩耍、修改或边缘化地处理规则。如果这个规则能让孩子信服，在运用中感到开心舒服，或起码不觉得恶心，那么即使在没人监管的时候他们也会乐于遵守。成功人相对灵活，他们的规则是从感受中学习过来的，而不在结论中接受。乖孩子其实是挺危险的，他们一生都在执行父母的规矩，他们会被错误所引导，认为只要自己乖，别人就应该爱他们。当他们遇到巨大挫折和失败时，再乖也没人爱，乖的逻辑被彻底打碎和颠覆。心理脆弱的孩子可能会出现可怕的后果，或在对世界的看法和态度上植入悲欢、仇视或敌对的情绪。一旦进入这种状态，那么任何的控制和要求都会遭遇反弹，不管是多么精准和正确。

真爱是一种习惯

好的习惯是人在不被打扰的时候，内心感受到舒畅自如的一种状态。真爱亦是一种习惯，它是自我在关系中放下了期待和设想，不再将对方视为自我目标或实现目标的对象，在某一瞬间全然相遇，与情感实现了最贴切的拥抱。好的习惯是重要的，但拥有好的感受更重要。好的习惯是在好的感受的基础上才会保持进步和提升，才会对不好的习性产生压抑和制约。我们能执手于好习惯是一件幸事，如果实在做不到起码也不能与坏习惯为伍，至少要站在它们中间。这是因为好和坏的习惯跟忠诚和仇恨投入一样，它所表达出的情绪都是不计成本和回报的。

至高无上的存在感

存在感是人性格中非常重要的一个概念，是必须在关系中才会产生。如果婴儿对妈妈微笑，妈妈不做出反应，婴儿就会迷茫，会怀疑我或妈妈是否存在，会滋生强烈的迷失感。如若婴儿能及时准确感受到母亲与他们回应，就会有充分安全和幸福感受。从母亲那里得到的亲密回应，会自然转换成未来应对社会的能力。如果母亲对儿时孩子的哭闹不做反应，他们的脑神经发育可能会偏执分裂，易产生迫害妄想症。很多婴儿时期的动作，包括吃手指，无论什么原因，我们只能允许而不是制止，不要把孩子的任何问题看成问题，我们眼中的问题只是孩子发育中必不可少的呈现，维护他们的自我存在感是重中之重。否则幼儿时期不健康的生长环境，会让他们即使到了成年，也会表现出生命初始的后遗症。反应的症状是，当这个人没事做的时候，就会习惯性地焦虑，会感觉不到自己的存在。他们不能让自己停下来，必须处于忙碌状态，实在没有什么事情打发，就会不停地拨电话来维持这种状态。一旦停下来就会触碰到可怕的不存在感，所以，必须把自己和某件事情捆绑在一起，才会消除这种心理恐惧。

生命不可能重新再来

活在当下是非常重要的人生提示。人的内在时空可划分为昨天、今天和明天三个维度。忧郁的人是活在昨天，忘掉了今天，没有明天。焦虑的人活在明天，忽视了今天，烦忧了昨天。积极的人活在今天，着眼明天，重新编织美好的昨天。空想的人只活在幻想的明天，逃避了今天和昨天。真正修炼成为圣人是既没有昨天，也没有明天，只有当下。圣人是少数，做一个积极的人是我们这些凡夫俗子只要努力就有可能达到的境地。每个人的内心都有一个曾经的我，是否接受那个过去了的我，是当下我的情绪体现。即使面对曾经的糗事，也有能力自嘲，这是一种坚强和自信。如果回想以前做错的事感觉到很后悔、痛苦，那只能说明当下的情绪状态不对。一个人敢于与往事干杯，那是对自己的珍爱，是对过往不良情绪的合理化释放。凡是经历过的事情都是我们生命的成长，是生命之花，是曾经活过的佐证。无论它们是痛苦还是喜悦，只要缺失了对它的体验和感受，就会留下永远的遗憾。生命不可能重新再来，经历便成为自我生命书架里一本一本的书。在情绪低落或受到挫折时，用回忆抽取旧事，往日愉快的体验会慢慢唤醒身体的积淀，原本的沮丧就被回忆中的愉悦浸染和替代，新的力量和精神即会被激发和生成。神经生理学的研究证明，对过去的记忆都是当下的重构，而不是既往真实的再现。大脑并没有记忆的存储物质，往日经历的事情以躯体感受或经验存留在人体里，尤其是皮肤组织里，而不是以语言的方式被记住。

请相信吸引力法则

你若是想要吸引某种关系到生命中，就不能让你的思想、言语、行为以及周遭的环境与你的渴望相背离。先要把自己填满才可以给予别人。只有爱并尊重自己，方可吸引爱你、尊重你的人。当你自己感觉不好的时候，也就是正在阻挡爱，而且会吸引更多继续让你觉得自己不好的人和情境。专注在那些你喜欢自己的特质上，吸引力法则将会带来更多你自身美好的东西。要让某种关系顺利，就把焦点放在对他人的欣赏上，减少抱怨。当你把关注点放在他们的优点上时，你自然会发现他们更多可爱之处。

感情和理智

这个世界原本只有人，敌人或对手只是各种时代的政治符号而已。对此我们必须保持相当的清醒，才不至于被他人调戏，也不会被自我捉弄。看到了别人愚蠢，就必然会原谅自己的愚蠢。意识到了自己无知，就会原谅别人无知。用感情看待这个世界一定是个悲剧，用理智看待这个世界就会是个喜剧。

赞美是欣赏他人最直接的表达

被欣赏和被接纳是人重要的一个心理需求。赞美是欣赏他人最直接的表达，真诚的赞美会将他人从技术层面的赠予直接转换为内心层面的感激。它们不要被功能化，不能成为口头语，宁愿沉默也不必虚假应酬，不要玷污赞美的圣洁。过度赞美会被理解为是伪善，让对方感觉到是一个挑战或嘲讽。欣赏，能使恋人、夫妻、朋友之间关系形成一个包容性气场，是对他人所做事情的一种接纳和认可，相互的关系和共同的事情可以畅顺地接续。欣赏是一种具有创造性的建设，让对方精神陡然上升，发现自己没有发现的东西。

人生定义的文化差异

关于人生的定义，中国词典上大多是这样解释的：人生是指人的生存以及后来全部的生活经历。美国的教科书上则这样表述：人生就是人为了梦想和兴趣而展开的表彰。

自我内心的映射

一个圆满的人容易看到他人的圆满，看谁都是那么美好和善良，看谁都像佛，他们的所作所为也自然让人感觉到舒畅淋漓。凡是不擅理解他人的人，实际上反映的是那个人内心的对应感，不是缺失就是曾经受过伤害。当我们看别人不顺眼的时候，实际上那个人的行为和形态反映到自己内心的那一点不圆满处。当我们觉到愤愤不平，在某些事情上过不去的时候，一定是自己心灵的某种缺失。那些对爱情或事件过度执着的人，恰恰是因为爱情或其他东西的严重缺失和极端获取的欲望，使他们更加奋勇和专一。这些可能源自于童年的安全感及爱的缺失，有孤寂感的恐惧，性格中充满着质问，不容易爱上他人，在交往和共事时也会心生疑虑。所以，当他们一旦拥有，就会强硬地要求他人，对爱情形成绝对的依赖，强迫合作者付出和承诺，既不会变通，也拒绝讨论。

修行的意义

修行的最终指向是个体的温柔与耐心的成熟状态，是对宇宙恒定规则的屈服与顺从，是对他人和万物生灵的慈悲心的发现和经常性的使用，是对自己灵魂的彻底解放。修成正果的人内心会充满感激，行为时时都洋溢着爱的光彩，自我舒展，能活出更多的可能性和个人的意志，可自我引领、自我超越。存在就是合理的，这是一个古老的哲学定义，它解释一切都是对的，一切也就已经结束。如果觉得有错，那是因为执着欲望的干扰，这才是真正的错。生活的快乐是靠它本身的平衡来支持的，平衡了自然就平静了，所有事物均是如此。生活很少是想了后才去做，更多的是在做事的过程中不断校正和平衡，在事后做出回顾与总结，之前不可能有那么多的心理准备。我们只有这样不断尝试和冒险，才可以规避别人的生活模式，让自己更加丰盈饱满，更能清晰地聆听自己内心深处的声音。

家庭精神素描

在艺术创作中，不要怕把画画淡，淡到极致是一种境界和格调。也不要怕把画画黑，黑到透亮是一种勇气和水平。把学校所学的知识统统忘掉，剩下的就是素质。在家庭生活中也是如此，就是追求一种彻底的精神素描，简约而大气，空灵而丰满。如果说听音乐是给灵魂洗澡，那么喃喃爱的倾诉则是在给生命亲情的抚摸和按摩。

九种基本智能

每个人至少有九种智能，即语言、数学、逻辑、音乐、身体、空间、人际关系、内省和自然观察。以此衡重，所谓低能的人就几乎不在，只是他们表现的方式和领域不同而已。我们一生都在把自己和孩子与他人做盲目的比较，不理性的对比差异和区别，扼杀了自我的本性，也践踏了孩子的精神家园。世上的坏事，其实十之二三是所谓坏人制造的，剩下的那十之七八倒是无能而又多事的好人所为。

美貌仅是人生攀登的借助

美貌是一种福报，但我们若是把漂亮当作资本使用，那是极其愚蠢的误会。漂亮必须充当能源，把它看作是人生攀登的借助，这才是正道。独身的状态人人可以经历，但独立的心态、精神的自在，则需要艰苦而自觉的修炼方可达成。

最高层次的竞争

民族和民族之间的较量，似乎是男人们的打打杀杀，浴血奋战，力量对峙，心机较斗等。但本质上应该是母亲素质的较量，是各民族年轻女人的较量，是经由她们过手的孩子对未来的较量。孩子的第一个老师是母亲，母亲的精神思想、人格品质、生活素养和行为举止决定了这个民族状态、民族方位、民族走向和民族前景。这种血缘伦理直接导致一个民族自然伦理的架构和内涵。多数的中国妈妈在日常的生活中与孩子建立的是一种欺骗关系，她们与孩子之间并没有处在一个平等的位置上，极易忽视自己的许诺，把孩子当作私有财产而缺乏足够的人格尊重。孩子们在这种教育环境下，会形成这样一种人格，即对别人充满戒心，骗别人心安理得，缺乏内疚和忏悔意识。迟到了应该说声“对不起”，而我们却习惯了编造一千个理由来进行解释。自家孩子受到欺负，母亲会找上门去算账而不会说道理或事先检讨。诸多不适宜的教育让我们缺少人际边界意识，看起来是亲密，其实缺乏彼此的尊重与信任。养成了不愿主动担当，善于狡辩，推卸责任等等劣质。所以说，女人的竞争是最高层次的竞争，是最顶级的责任。女人的手不但是推动婴儿摇篮的手，也是推动民族进步的手，更是托举人类精神文明之手。

人的精神不能被分割

善的标准是我们能否以对方的利益为利益。而恶是使他人的利益受损，使自己受益。利己为恶，利他为善。但全部按照自己所需去帮助他人，不考虑对方的感受，这也不能称之为善。人的精神不能被分割，一旦不是作为整体出现，就很难快乐幸福。爱心本来就是我们自心佛性本来具有的东西，为什么很多时候会选择逃避，那一定是整体的分裂。人类思想痛苦的主要原因是自性的零散，心灵如若不完成整体集合，就不可能凝聚出一个伟大的力量。整体的智慧才叫智慧，整体思维才是真正的思考，任何站在个体角度去权衡问题都不可能获得正解，都是对真相的背叛。

两个灵魂和一个身体

纯粹的爱情是两个灵魂一个身体，真挚的友谊是两个身体一个灵魂。男女之间一旦行进在爱恋或婚姻关系中，从一开始就没有什么是非可说，只有选择。你选择谁，你就和谁放弃了是非的评说。在亲密朋友伙伴关系中，多少也会是这样。他们说你变了，那是因为你没有按照他的想法活罢了。在生命里有一点要明白，那些使我们不能忘记的过去，从来都不是因为怀念别人，而是怀念过去岁月中的自己。

关系中的生物机能

在我们生命系统中，存在许多密码和开关。信息素让我们相遇。初次相遇，身体就已经交换了很多信息，这就是信息素的作用，这是人类从爬行动物阶段继承下来的动物特质。它一般分布在腋窝下、生殖器和乳头的周围，它所传递的信息完全会被对方一种腺素感知。肾上腺素PEA带来一见钟情，对方的眼神、微笑都带给我们无限的快乐，仿佛情感记忆的最深处被搅动了。这是PEA在对人的大脑起作用，但这种状态持续时间很短暂。催产素产生情感的爱慕，多巴胺是自然为你准备的另外一杯鸡尾酒，它更富有情感，也更持久，是传递幸福的神经，也是效力长久的荷尔蒙。此外，还有加压素。最重要的是催产素，一个爱抚，一个充满爱的声音，一个关于爱的念头，一个简单的眼神都可以启动它，它把你和对方联结起来。

好玩是优质婚姻的催化剂

优质的婚姻首先要好玩才行。使人兴奋和有趣的并不是具体做哪些事，而是两个人有了新的共同的创造，共同的体验，共同的生活，共同的向往。这些都是感情牢固的基础成分，它们的缺失，会影响美满爱情的登场亮相。

快乐调整点

心理学研究告诉我们，每一个人快乐调整点有 50% 是基因遗传，40% 是我们的思想生活模式，只有 10% 是外在影响造成的。天使之所以能够飞翔，是因为他们能让自己变得轻巧。孩子能像天使一样保持快乐，是他们的童趣、他们的天真和无邪替代了我们的执着和贪婪。适时地打开心结是必须要完成的功课，在那之后我们才可以看到世界的美好，生命的光束才能穿透到心灵深处，驱逐黑暗，激发未曾知晓的内在潜力，我们便会愉悦和幸福。如果一种快乐产生时，只属于他人而不属于自己，或者我们的快乐是建立在他人的痛苦上，这种快乐就是对环境的一种严重污染。

绝非偶然

有一个生命信条我们必须坚信，那就是无论你遇见谁，他都是对的人；无论发生什么事，都是唯一会发生的事。与我们相遇和交叉的那个人绝不是因为偶然才进入到我们的生命体系中，也不是任何一个树叶意外地飘落在那个错误的地方。无论是围绕在我们身边的其他人还是召唤我们到他们那里的那些人，他们所代表的并不只是人的主体，也担当着一些事件。他们也许要教导着我们什么，也许在提醒着我们什么，也许在帮助着我们什么，也许他们是我们必须的依靠。我们要敬畏自然，尊重生命，我们所有经历的事都必须是以这种方式发生，包括最不重要的细节。“如果当时我不这么做，就不会有这样的结果”是对大自然神秘的不敬。要相信无论发生什么事，都是唯一会发生，而且一定要那样发生。不管事情发生在什么时刻都是合理的，不早也不晚。不要简单地把它理解成是宿命论，我们只有接受自我认知的局限和狭隘，承认渺小和无知，才能让我们在经验基础上继续前行。生命中，我们经验的每一种情境都是完美的，即便它不符合我们的理解与自尊。我们只有时刻准备着，接纳生命中新奇的那一刻。完整地享受已经发生的事，会帮助我们的生命进化。所以，人生一世要学会善待自己，爱你的存在，让自己喜悦、幸福、安康。

幽默的本质

幽默本质意义不在于它本身的好笑和滑稽，而是比较深刻的提示和开悟，也是一种高级的智慧传递。当我们自嘲或者嘲弄与我们有类似境遇的人时，也就成功地将自己和他人从一个悲惨的境遇中拔离出来。

精神的支撑

天体物理学家告诉我们，星体是靠80% 的混浊的部分才被托住的，包括地球在内，它之所以能在空中漂浮，主要是由于80% 以上的虚空在托浮着它。在日常生活中，只要我们内心有所为并可以看得见的时候，那些真正支撑事件本身的80% 的虚无就会被忽略，真相随之被丢失。这既是每个人对内心管理的失误，也是人类与支撑起这个有形世界的无形精神链接的断裂。我们不断地征服目标，不停地消灭敌人和击垮对手，但同时也丢失了我们的精神和信仰。生命中我们承载祸福的量，是由那个80% 的无形的精神及德行来决定的。好比是一个船体，如果贪念使我们装载的物品大于托衬船只那无形的80%，最终它可能是一艘沉船。

活在爱的关系里是幸福的前提

有一个道理十分简单却又千真万确，那就是，你越给予他人，就必然会获得更多相应的东西。比如，你喜欢赠与他人书籍，那么你就会去主动发现更好的书。你乐于奉献爱给他人，那一定会收获超值的爱。人的幸福主要来自于精神生活，精神生活又大多是由于你为他人的付出。精神生活是个人心灵的美满对自身行为的推动，强调的是能为社会和他人带来多少精神或物质利益。单纯为自己创造多少利益，那只能称之为物质生活。当一个人只为自己着想的时候，也是在树立敌对势力的过程，是不断丢失了精神的劳作，就必然会感觉痛苦。衡量自己是否成功，是否走对了路的标准，是要看能有多少人在真正关心你、爱你。金钱不会让人幸福，幸福的关键是我们是否活在爱的关系里。

开放式的家庭

为孩子而建立一个开放式的家庭，对他们未来成长起着至关重要的作用。在这样家庭中成长起来的孩子，会自如舒展，阳光率真。他们如果没有被权威的话语所压抑，没有受到逼迫，精神没有被固化和捆绑，那么在成长的过程中对他人或事情会自然地充满尊重和善意。即使在今后遭受挫折时也会懂得拿捏分寸和适时操控，相比其他人会比较准确地区分建议和提示，较清晰地分辨对错好坏。这样的孩子在关系中善于灵活变通，注重他人感受，慈悲感比较浓厚，容易与人共情，会将外部世界视为丰富自己的渠道。在与团队的合作中有充分的自我表达，也会巧妙地退让和妥协。他们潜意识中会坚持真诚，态度中肯，在被动和主动之间能找到完美的平衡。父母情怀的深厚决定了孩子视觉的长远，父母心胸的博大，会激励孩子飞的更高。作为父母，如能为孩子们搭建一个开放自由的成长空间，也是为他们铺垫了幸福快乐的基台。由此之上的展望和跳跃，会更有效、更高远。

怀疑自己的第一印象

我们祖先身处于恶劣生存环境，他们必须迅速地判断，出现在自己面前的人是朋友还是敌人，才会有生存的安全，不然就会身处危险之中。这种思维逻辑和行为方式的进化，使我们通常对第一印象深信不疑，并在以后的生活中依据第一印象做出各种生活决策。但作为生活在现代社会的我们，应该有觉悟自动完成从野蛮社会向文明社会的精神跨越。现在很多人考虑问题的方式还是停留在我们祖先原始的思路里，没有进步，没有创造，在复杂多变的社会中迷失和焦虑。对这个思维原点的修正和更新是我们前行必要的克服，不能省略。

婚姻不会带来安全的感觉

爱的方式有两种，或是死死抓住，你紧张他也紧张，或是轻松把玩，你舒服他也愉悦。婚姻不可能给人带来安全的感觉，如果是抱着想要安全感的幻想而进入婚姻的话，这个婚姻十有八九会出现问题。动物只相信它看到的东西，而人却能看到他相信的东西，幸福和烦恼由此而来。

善恶临界点的警示

人之初性本善是东方哲学的结论，恶是由于后天外界的影响造成的。西方哲学强调的是人性本恶，人需要忏悔检讨，要有自我道德的约束，自我批判的能力。不管怎么说，善始终是人性中的主流。在人类关系中，暴力只是一种默认的态度，纯粹的暴力喜好者是极少数。人性的恶是在名利和财富的诱惑下才会逐渐出现，并取代善。从本质上来说，人性非善亦恶。一切都取决于时代、社会和经济环境。我们有能力更善良，也有可能更邪恶，没有什么是永恒不变的。内心生活可以帮助我们更好地适应社会生活，避免随波逐流或违抗自己的天性。在家庭生活中善与恶的转换也是很微妙的，关系处理不当会导致此现象频繁发生，这可能是临界点的警示。

关系的边界触摸

吃亏是福是老一辈的生活哲学，但一味通过吃亏来建立自己与外界的公关形象，并不会产生良好的亲和力，不会获取足够被尊重的期望。这些人在与他人边界不明地带进行周旋和交往，对自己和他人的责任和权利范围模糊不清。如此这般既不能真正保护个人空间不受侵犯，又可能无意识对他人的私有领域造成侵犯，于人于己都会带来困扰和烦恼。这是没有经过思考和设计的生存手法，是既原始又低下的初级生活态度，是被动和消极的人生防卫。习惯了对它的使用，精神和情操也就自然萎缩，这亦是自我生命的巨大亏欠。

品格在非常时刻才有表现

品格是在重大的时刻才会有充分的表现，但它却是在无关紧要的时刻形成的。脾气能显露我们的修养，沉沦会道出我们品位。人犯错误大都是该用真情时太过动脑筋，而在该用脑筋时又太感情用事。一个高尚的人在与人交往时，注重彼此心灵的呼应与共鸣，也更在意对方是不是个有趣好玩的人，而不会过度关注对方的利用价值，是否有用。把脾气拿出来是本能，把脾气压回去那才叫本事。

理想中的自我形象

我们的自我评价取决于两个方面，一是父母对我们外表和性别身份的评价方式，二是在成长过程中，不断变换的内在理想和自我形象。正是基于这两点，我们所看到的可能从来都不是真正的自己。心理学认为，理想中的自我形象比真实的自己更能左右我们的行为和行进方向，但这种错位的认知也就造成了自我否定等负面情绪，这是需要我们警惕的。只有自觉地做到关注自己的情绪，适当地爱戴自己，接受自己的身体，坚持自我精神信仰，尊重心灵的感受，不被外在的目光和评价影响自我判断，才能从容客观地看待自己和周围的世界，才可以与伤感告别，完成人生诸多的边界触摸。这也是最高级别的文化审美和文化安慰。

攻击性格的形成

儿童期的亲子关系不得当，会制造自闭症、精神分裂及人格障碍。母婴依恋关系奠定了孩子的生命底色，他们感觉和母亲是连在一起的，同呼吸共命运。如果他们饥渴的时候没有得到及时满足，哭了没有给予安抚的回应，过度的忽视会使他们在这个时期积累巨大的愤怒，心理发育水平卡在了全能自恋期，是未来伤害他人的根源。他们会把自己想象出来的一个形象安放到对方身上，稍微一点点言行和自己想象的不同就会变得非常愤怒，要么走开，要么攻击，完全活在自己的想象中，无法看到真实的对方。

我的生命我做主

你的生命就像自己的家，稍微不留神，就会有别人进来布置，替你做主。问题是在这里面住一辈子的是我们自己，让其他人停止质疑的最好方式就是尽快行动，用事实证明我们的能力和意志。即使他人可以有某些参与，有评估和批判的权利，但永远不要忘记我们自己才是最大的股东。

遇见生命中的自己

荣格说我们是我们的“异性我”，我们可以遇见生命中的自己。他指出人类不仅具有自身所持的个体潜意识，还承接了人类进化发展中遗留下来的集体潜意识。也就是说我们继承了父亲、爷爷、爷爷的父亲等长辈意识里的原始印刻，这里包括一些社会经验，还包括爱情的记忆。他把男性心理中的女性人格命名为“阿尼玛”，把女性心理中的男性人格命名为“阿尼姆斯”，正是因为男性与女性身上都具有这种界限性，才保证了两性之间的互相理解。“阿尼玛”和“阿尼姆斯”是让人们彼此吸引或排斥的主要原因之一。当我们爱上一个人时，其实是把自己心中的“异性我”投射到对方身上。所以，我们恋爱的实质是自恋，是在追求自身一致性的行动。心理分析师往往可以通过分析我们爱谁以及为什么爱，帮助我们重新认识自己，从而获得自由和完整。

潜意识是一个导航仪

弗洛伊德指出，我们只会遇见自己潜意识中已经存在的那个人，人们先是想象出未来的形象，然后才遇见他。事实上，我们从小就开始在心里描绘对方的形象，甚至会具体到那个人的身高、体重、相貌、性格等等细节的东西。这就像是一个导航仪，当我们第一眼看见他们的时候，当他们的形象相重合的时候，大脑马上会兴奋，而我们也就会知道终于遇见他了。母亲是所有爱情关系的原型，所有爱情中每个人都怀着对这最初爱的追念，渴望再次得到理想化、丰满的、无条件的母爱。

在婚姻中建立良性互动

婚姻关系是在一种双方回复式和多重互动中形成的，相互连带，彼此制约。任何一方的变化，都必然对他人有所牵扯，自然会产生新的互动方式，婚姻的新气象也随之而来。所以，在改变自己行为之前，首先要减少对他人的抱怨，试着给对方一个合理的解释。

我们本来就微不足道

科学的目的在于了解自然、探索宇宙空间的法则和规律，主要使用的是数学和实验。真正的科学诞生在十九世纪。佛学的目的是揭示心灵的本质，是对灵魂终极的开化，疗愈精神，涉及更好的生活。佛学运用的是直觉和感悟，它已经存在了两千五百多年。爱因斯坦说：如果一门宗教与现代科学和谐存在的话，那么一定是佛教。虽然科学与佛教之间并不存在相互依赖关系，但两者可以寻求交叉的那一点，追求和谐的交融。量子力学家发现光既是粒子，也是波，但一个物体如何可以同时以两种形态出现呢？佛教关于世界上没有固定的自我存在，可以是一个东西，而它反面的观点也可以给出一个合理的哲学解释。佛学的核心是因果报应，世间所有的事和物不存在偶然性。这种学说不是否定我们的自由意志，而是强调每个生命都在沿着一条既定的路线行走，我们要做的就是认真把握时间，更有效地行动，完美地了结自己的因果报应。科学也发现了万事皆非偶然的定律，宇宙法则极致的精细使所有万事万物不可能产生偶然的结果。在无限的寰宇中，科学只不过是一个非常非常小的窥视孔，任何周密的研究和发现都不可能是终极的答案，试图主宰世界那更是无知的狂妄。我们属于宇宙，世界不存在界限，界限只存在我们的脑中。我们每个人都是相互联系的，都是宇宙中的尘埃，或者说我们本来就微不足道。

今生也是一个轮回

我们对孩子的教育方法通常是先想象孩子应该是什么样的，然后再设计出对付孩子的一整套手段和精密的程序，其实这是非常可怕的育儿观。心理学分析结果表明，亲子关系比教育更重要。童年经遇的亲子关系会深化到孩子的心灵深处，成为内在的关系模式，形成了孩子们的性格，也就决定了他未来的命运。佛教所讲的轮回，不单是前世今生的轮回，今生本身也是一个轮回。童年的关系模式与他们今后的事业、婚恋和社会、家庭行为有着丝丝入扣的对应，是一个又一个轮回。亲子关系决定的是我们人生的起点，是佛教所说的业力。当我们开始有能力辨认自我，正确地成长，自然合理地使用社会规则，那么过去的业力起点在哪里已不那么重要。自我认识这个觉知的能量是最高频率的能量，它决定了我们智慧的高度和心灵的力量，也关乎到我们人生的终点。人的知识一部分是通过后天学来的，真正属于自己的那些，是缘于先天的神秘储存，是被唤醒的。这就解释了为什么莫扎特四岁就能写出交响曲，世界上所有的天才大都如此。

儿时行为模式的确定

儿童时期的家庭关系会决定他们日后的社会行为模式。有些人拒绝接受失去，想拥有一切，不放弃任何争取的机会。选择对他们来说就意味着放弃，难于做出决定，一点点失去的可能性都会感到难受和痛苦。相反，有些人缺乏自我肯定，不自觉地逃离和躲避。明明知道自己想要什么，但总是优先考虑和照顾他人，把自己的欲望和选择排放在最后。这些人害怕冲突，恐惧被评判、被排斥，担心自己没有克服困难的力量。有些人缺乏内心安全自在感，深思熟虑做出的决定，但凡有一个不同意见就会立刻回到原点。他们处事优柔寡断，杂乱无章，没有秩序。还有些人害怕冒险，任何的不确定性都会引起内心焦虑和恐慌，犹豫不定是他们行事的常态，一点点不明声响都会让他们止步不前。我们每个人都要确切认知自我的性格状态，在后天的学习中不断修补，实现人格的相对完整。

痛苦对应着心中的恶

人能快乐地活着，要么这个人是一个善者，要么他已经不是恶人了，要么就是所经历的痛苦暂时还未到来。人的内心一旦有痛苦，就说明这个人的内心存有和这个痛苦相对应的恶，否则他的心灵是不应该感到痛苦的。贪求心会生成恶心，嫉妒心、傲慢心、愚痴心、心量狭隘都属于恶心。傲慢高山，不生德水。人持有傲慢，必然心生偏见，意识不到内心积累的种种恶。一个人只有培养起虚怀若谷的胸怀，敢于谦卑，善于检讨，乐于自责，内心才会感到平和安详。虚空才能包容其他，接纳所有。厚德方可载物，大地才能生机勃勃，气象万千。

自由的爱情和不自由的婚姻

爱一个女人，首先要学会聆听她的倾诉。男人是行为的动物，女人是语言的动物。女人的选择大多是通过语言表露出来的，而男人则是用行为来暗示自己所要表达的问题。爱情是自由的，如果爱情失去自由，最终会演变成为一种义务。然而婚姻却是不自由的，婚姻与爱情的不同之处在于前者是个人问题，后者是家庭与社会问题。

大龄女人的精神补给

作为一个女人，如果是由于大龄问题而作出妥协进入婚姻，就必须要伴随着精神的自我修正和心理调整等积极心态，完成与对方的生命融合。因为持有这种动机会呈显出较强的目的性，忠诚感和责任感会被打折，有单向索取的嫌疑。你的言谈举止所带出的信息会说明这些，很难说你今后会不会再爱上别人，对此你的那一半会有所感觉。当然，我们也不必悲观地认为，就此种下了一颗不幸的种子，只是需要让自己保持警觉，在生活的进程中，努力地完成有效的修复。首先，争取在精神层面上有默契配合，让彼此的价值观尽量交合，壮大自己的气场，实现精神上的深刻依恋。你不能想象一个特别喜欢朋友的人和另外一个极其厌恶社会交往的人长久厮守，也不会预期视财如命和出手大方的两个人能美满融合。所以，有意向对方的习性和爱好靠拢，是首先要做出的努力。再就是要认识到恋爱是两个人的事，而婚姻是两个社会群体的事。认同彼此的圈子，接纳彼此的朋友，爱彼此的亲人，会让我们不自觉地感觉到这个世界上还有很多更精彩的事情等着我们去参与，去行动，自己会有扎根在土地之下的坚实感和安全感。

痛苦与快乐同质

人只有经受痛苦的打磨才会成长，就像婴儿每经历一次病痛就相对长大一样。上帝之所以创造指纹，是因为他想让人们知道其实每个人都有伤痕。痛苦感是由于我们对它的抗拒而翻倍，越强烈的抵抗它就越显沉重。痛苦不是一个结局的点，我们要乐观地对痛苦之后的风景保持好奇。只要我们主动接受并以礼相待，就会发现它没有想象中那么强大或恐怖。人要学会接受痛苦像接受快乐那样自然，因为痛苦和快乐是同质的，痛苦是尚未成熟的快乐。我们逐渐走向坚强，也就是在完成人生最大的命题。我们既然是生命的种子，那么目标就是要开花结果，别无选择。

推动摇篮的手

基于母亲滋养下的大爱表现为一种人性责任，一种人格的整饬，一种在对自身行为不断修正过程中持续回报爱的公民意识。推动世界的手也是推动摇篮的手，母亲的素质决定着人类和民族的未来，我们对母爱的表达决定着人类和民族未来的生态。

爱需要欣赏和尊重

如果一个人从小到大都是透过他人的认同来接受自己，而不是以跟自己的内在接触来肯定自己，当他进入恋爱状态时，为了得到对方的认同，就会不自觉地沿用成长过程中的习惯。于是会不自觉地把看过的剧情潜藏在潜意识深处，就像电脑 CPU 里面的程式，在双方约会时摇身一变，展现出自己最美好的一面，以建立起一个双方相恋相爱的关系。在自然界，所有动物到了交配期，都会尽情展现，像孔雀开屏，蜜蜂舞蹈。他们通过感官的层次，相互吸引，完成繁衍子孙的任务。这是大自然给予异性相吸的能量，即性的能量。人在这时，真实的自己并没有谈恋爱，而是借助屏幕、小说等情节来表演。通常不会去呈现平凡真实的原型，总会把人类中某一亮点部分加以突出。那么如此恋爱，婚姻就一定会变成恋爱的坟墓。因为在婚姻里，家是一个人心理上最后的堡垒，是人们心理层次中最安全、最可以允许自己是自己的地方。当热恋中的性荷尔蒙激情和浪漫逐渐消退，没有一个人可以在一份稳定的关系里长期演出。当其他面相逐步在家庭里呈现出来时，双方都觉得对方变了。其实他们一点都没变，他们只是放松了。只有当婚姻生活稳定之后，那才是恋爱真正开始的时候，去爱这个人“如她所是”，而不是“如我所想”。“恋”从心理学的角度来看，真实涵盖的是一种心理催眠。当你用心，用情，早晚都想，自然地会把这个人的存在刻画在的心里，甚至到刻骨铭心的程度，这亦是当事人自己的能量。所以真正的恋爱，必须在两个人的生命内涵与人格深层相互碰撞了之后才能真正显现。其中有你欣赏的，也有你厌恶或拒绝的，但两人仍可以更深入地分享彼此生命成长的过程，并学会欣赏彼此欣赏的，尊重彼此不欣赏的。面对自己过去生命里的残缺部分，试着努力做一些事情。

缺乏安全感所带来的拖延习惯

具有内在安全感的人，心中的世界会充满较多阳光。而内在安全感不够的人，容易接受不安全的信息并加以储存，很难形成对世界的信任。缺乏安全感的人的特点是对自己的感觉不信任，处理问题的方式会走两个极端，或是过分控制情绪，或是过分放纵情绪。情绪自我控制型的人习惯回避感受，善于用理智控制的逻辑行事，以至于不能接触到自己内心深处各种柔软的感觉。而放纵型的人则易于冲动，情绪泛滥，内心混乱，遇到困难需要做决定时又会很纠结，害怕做错误决定带来更大的问题，就会无限期地拖延，形成一种不良的循环。

爱和恨在同一深度

上苍的特殊设计，决定了男女之间不存在也不可能存在友谊。爱和恨是在同一深度。所谓男女之间的友谊不是爱情的开端就是剩下的残余，或者就是爱情本身。

女人的温柔远征

自男权社会形成以来，男人之间便争斗不休，这是事实。然而若是男人与女人争斗起来的话，大多数是因为那女人气质上、心境上男性化了，男人把那女人当作男人一样来看待。对于这一点女人并不了解，在情感上栽倒的女人不少就是这种热心于征服男人的女人。在这个意义上说，女人有了征服自己男人的心思，绝对不是女人幸福的起点，多半是女人的悲凉。聪明的女人以各种色彩遮住颜面，开始了善意、温柔的远征。

完美情结所带来的苛刻

带有苛刻性格的人，他们的特征是善于指责、批评，对待事物的态度尖锐，包容能力差，而且攻击的范围往往集中于自己身边的人。这是由于他们内心始终害怕自己犯错、无能或不完美，无法接受失误，持续的紧张会产生巨大的心理压力。但他们又不会承认自己有这种担心，并把这种关注投射到周边人的身上。当他们看到身边的人有任何不完美，都会激发起他们自己内心对犯错的焦虑。只有自己站在“完美”正确的位置去指责对方时，内心的焦虑才能得以暂时的平息。而最经常承担这种投射的还是他们身边亲近的人。

实现自我价值

人一旦定力不足，就必然经不起诱惑，他人一句赞美或批评就能让自己改变深思熟虑的决定。上司不经意的认可，新的职位或任务，领导的表面信任，被告知的一个秘密等，都会让他们受宠若惊，有迷失感。这个问题可能在儿时被教育要注重施展魅力的能力，以此来获得他人肯定，体现自我价值。这样的观念，会产生自恋情结。纠正的方法就是要找到实现自我价值的方式，不依靠别人的评价，学会接受失败，和他人建立平等真实的关系。

生命的更新

科学研究表明，不管多么深刻切肤的伤痛，痊愈的时间不会超过七年。漫长的七年时光，使我们全身的细胞都更新了一遍，每时每刻都会有想你的细胞死去。所以总会有那么一天，全身干干净净，崭新而自然。

体谅可能比体贴更重要

正确的爱的关系，是接受而不是忍受，是将支持替换支配，由慰问取代质问。在爱的关系中，既习惯道谢也要勇于道歉，体谅可能比体贴更重要，要让认错与改错并肩同行。我们在纷纭的世界中，并不是必须寻找到一个完美的人，而是要用完美的眼光，欣赏和接受一个并不完美的对象。我们可能还需花些时间拷问和验证自己，确定对方是否是我们真正需要的那个人。从某种意义上来讲，爱与信仰本质上有相似之处，单纯的感性元素远远不够支撑它的成长，还需要理性思维的介入。除了与生俱来的基本素质以外，还要参考后天的学习和领悟能力，是否进行过有益的爱的练习，是否具备了爱他人的能力。时间可以解释很多问题，可以了解爱情，可以证明爱情，也可以推翻爱情。

征服的陷阱

文化鼓励我们去征服自然、征服世界甚至征服宇宙。从某个角度讲，这是人类的勇敢、智慧的立体表现和张扬，展现的是人类开拓和创造的能力。但征服这个概念被无区别地使用，得到充分的赞美和宣扬，给我们的生活带来了纷扰和困惑。事实上只要我们怀着征服的意志面对任何人或事，实质上就是将那个人定义为对手和敌人，把那个事作为障碍和困难去处理。问题是生活中的所有的人或事并不都是以这种形态表现，他们更多的是属于中性，还有很多可能是我们的朋友，我们的助力，我们不可或缺的重要合作关系。如果我们是以征服的态度去登一座山峰，那么在这个过程中，我们感受到的可能更多的是疲惫、紧张和痛苦。反过来，我们去掉征服欲望，理解成我们每攀登一步，大山就同时在抬高我们，是在为我们做友好的托举，那么在整个过程中，我们就会体验到与自然融合的快感和生命参与的愉悦。当我们不断地登高，不断地远行，亦是与大山在做更贴切的交流和触摸，是更深情的簇拥，是最真实彻底的膜拜。去征服化是我们给予生命最好的礼遇，是对人生做出的舒适的安排，是人性终极的觉醒。过分的征服是对人类的反动，如果把它运用于我们最亲近人的时候，征服就是灾难，是毁灭。

遗忘和出错的优势

名叫托马斯的医生写过一本《最年轻的科学——观察科学的札记》。他认为人脑相对于电脑，虽容易遗忘和出错，但这也是人格的特有优势。遗忘的自动处置，可使我们自然地把多余信息清除出去，给不期而至的好思想腾出空间。否则它就会因为找不到栖息地而另赴他处。让关系出错更是人脑的一个美妙天赋，使我们往往会有意外的发现，在没有关联之处邂逅崭新的思想。电脑的本领是领取到信息为止，人脑却会让信息导致思想。托马斯还认为，是女人给予了文明的厚礼，证明了她们才是记录和传递文化基础的功臣。这是缘于女性对儿童的天然喜爱和理解，所以，她们更善于开启年幼的头脑。女性虽然容易为生活中的小事和事物的外表烦恼，但是面对极其重大的事情却十分沉着。女性的头脑只是外部多变，其中枢却相当稳定。相比之下，男性深处中枢始终是不成熟的，需要不断地重新定向。因此，在涉及人类命运的大事上，女性是更值得信任的。与女性相比，男性的抽象

头脑更像是一种电脑。人脑优于电脑，女性优于男性，这是上帝的特殊设计，是人性的特点。托马斯有许多机会通过仪器看见自己的体内，然而他并不因此感到与自己更靠近了，相反觉得距离更远了，更有了两重性。那个真正的“我”并不在这些松软的构件中，其间并没有一个可以安顿“我”的中心，它们自己管理着自己，而“我”是一个局外人。托马斯所谈到的这个与肉体判然有别的“我”，除了称之为灵魂，我们就无以名之。一个有这样强烈灵魂感觉的人，必然会对人性的高贵和神秘怀着敬意，不会陷入技术的狂热之中。但“灵魂”的话题并不总是优美，猪和人的区别是，猪永远是猪，而人有的时候不是人。

抑郁是正常的特殊情绪

历史上很多有名人物或多或少都有些抑郁症状，但这并不影响他们的理性和深刻。悲观和失望在某种程度上会帮助人们提高对事物的敏感和判断。尤其是从事艺术创作的人，往往需要它作为一种事先的引导和借口，使之更能深入其中。所以说，抑郁本身没有什么绝对的不好，关键在于正确使用。抑郁症的诱因主要来自于重大的丧失和压抑的愤怒。如果学会了对它的掌控和运用，这既是一种对幸福的把控，也可以说是品格的成熟。能穿越抑郁坚墙的围合，摆脱忧郁情绪蚕裹的人，可能会更加鲜明和光彩。抑郁自己通常是在表达对他人的愤怒，所以当我们感觉到不高兴时，就要有所警觉，将自己调整到自然规律中去。这是因为很多心理健康问题源自我们的生活违反了自然规律和人最基本的自然活动，比如睡眠、饮食、性，包括人的情感联结等。当我们感到悲伤时，就尽情地让感情流淌，不积压，不限制。从心理学角度来讲，泪水和愤怒的本身都具有治疗的功能，只要悲伤能在我们身体中本能地流动，疗愈就会自然产生。如果我们深陷抑郁之中不能自拔时，那么就适当地表达愤怒，撕开一个心理缺口，勇敢地冲出去。

爱情是享受，婚姻是忍受

婚，就是男女结为夫妻，受法律保护，无血缘关系。姻，是由于婚而生育，孩子与父母有血缘关系。婚可以解除关系，但姻却无法扯断。聪明的男人与聪明的女人相遇，虽然精神可以高度碰撞，色彩斑斓，但生活起来难度系数较高，需要宽容和智慧作为有效配置，否则易触发争斗，彼此伤害。如果笨的男人遇上聪明的女人，结果通常是绯闻，不欢而散。而聪明的男人与笨的女人相结合，容易产生婚姻，幸福指数会较高。聪明容易装笨难，过度的聪明表现会形成侵略，让他人自然防备和警觉。而不露瑕疵的装笨，是大智慧，是高级技巧，也是一种人格的美丽。汉字的婚字拆开就是女昏，婚姻古时又称昏姻或昏因。作为女人，太认真或太清醒都不是处理关系的积极行为，男人也是如此。爱情是享受，婚姻是忍受。荣誉是所有误解的总和，而幸福则是所有想象的集成。它们相加在一起，或许就是一个人生了。

找寻另一个异性自己

在两性关系中，不存在主导与被主导的地位，也没有谁输谁赢，也没有明显的性别差异，只是彼此从对方身上找寻另一个异性的自己。我们经历的所有关系，总以为是爱的对象有问题，其实不是这样。我们所面对的那个人早已镶嵌在自己的体内，外界的对象只是将他或她引导出现而已。所出现的问题均是缘于我们对自身内在认知的混乱，以至于感情总是留下创痕，不带来成长，结局总是一样。正确的指导思想应该避免引咎于人，要清晰知道，只有自己才可以爱上另一个自己。要进入到这样的境地，就是我爱你就像爱我自己，你就是我。所以，我不怕失去你，你走到哪里，我都不会失去你。

别弄丢了生活本身

在婚姻生活中，麻木感会使生活内容变得平淡无奇。有一个现象要有所警惕，就是别在习惯中弄丢了生活本身。如果这样，人便会开始渴望另一段感情发生，就会主动向外去投注他们的好感和爱恋，通过另外一种爱情为自己带来一些新意和刺激。随后就将迈出冒险的第一步，夫妻关系也将渐行渐远。亲密关系中的乏味除其他原因之外，主要是来自于创造力的枯竭和热情的衰败。初始阶段，彼此双方为了建立关系，都会尽量为对方着想，这段时光会非常有趣。但在关系亲密到顶点之后，就必然开始下滑，各自退行。甚至可以退行到婴儿状态。就是我什么都不做，你也要把我喂饱。如果其中一个仍保持正常状态，关系尚可维持。但两个人真的一并退回，那就无法满足相互吃饱的需求，结果是关系的破裂。心理学的目标是使人格解放和自由，尽可能释放人格中被压抑的东西。能否将自己变成一个有趣味的人，取决于本身的胆量，然后才是能力。我们所喜欢的生活要素，都是趣味好玩的衍生品，并在此之下，收获我们人生更大的便利。

金钱是婚姻外部的脂肪组织

金钱好比包裹在婚姻外面的脂肪组织，一旦钱包瘪了，就可以清楚地暴露出婚姻关系的本相。这样描述似乎有些残酷，但钱的确是维持夫妻双方感情平衡的一个重要砝码。我们不能因为追求浪漫而掩盖真相，欺骗自己。当一个家庭中夫妻双方收入均衡时，他们的感情会相对稳定。如果客观上达不到这种状态，那么其中弱势的一方就需要用其他方式进行补偿，寻求另外一种状态的平衡。绝不能以爱情或夫妻的名义，理直气壮地伸张自己的意志，这样会对关系造成伤害。

1 比 5 规则

为保障婚姻幸福长久，应该遵守 1 比 5 的规则，即你责备伴侣一次，应该找机会称赞对方 5 次。恋爱对于男人就像在空荡荡的心房里挂画，同时可以点缀好几幅画。而对于女人来说却像聆听音乐，只能容许一首旋律流转。

河流与树叶

父母思念孩子像河流，一直都在涌动，从不间歇。而子女想念父母就像树上的叶子，风来了它就动一下，风不在它也就静止了。

恋爱的表演艺术

恋爱是美妙的。美在双方尽情地表演，妙在他们又互为观众和演员。本质上人皆有表演欲望，而恋爱则公开、合理地为人们提供了一整套绝佳的舞台、剧场和观众，在过戏瘾的同时又完成了求偶目的。双方竭尽全力掩饰自己的短处，以最佳状态示人，这不是虚伪，是人性使然。在这方面，人和其他物种并没有太大的区别，都是为了得到优先交配权和繁殖权。即使双方成功地完成了从恋爱到婚姻的过渡，表演仍在进行。所谓幸福的婚姻无非是前期恋爱的加演和延续，双方最终练成了老戏骨，也就实现了白头偕老、终生相依的美满。所谓不幸的婚姻，无非是双方或有一方退出了表演，或变成本色演出，或到其他地方串场去了。

享受人生是最好的福利

从自然野性的快乐到文化精细的愉悦，是人类经过多少年的发展聚积的结晶。这主要源自于人性的新鲜与好奇感，用今天的话讲就是好玩。这是植根于神经系统内与生俱来的，是人性发展到一定程度必要的人性冲动。快乐是一种生命活力的绽放和对生命的热情，是允许自己拥有生动有趣的与人与事与物的关系，并且善于拥有各种生活乐趣。但在今天快节奏的生活中，快乐逐渐蜕变成了文明进程的牺牲品。无论是工作、家庭、国家，都不自觉地扼杀人们的快乐情绪。人们变得呆板木讷，暮气沉沉，彰显不出应有的朝气。所以越是在这种环境中，人们越要自我提醒，自我解放，让自己活得更好，把自己由各种教育、文化的压抑和束缚中挣脱出来，享受人生最好的福利，从而更具有生命力和社会担当。

夫妻永远不能成为共体

女人心理之所以强大，这是缘于她们与孩子关系中重温与母亲那种深度亲密，深切感受与孩子生命那种相互融触，进而揭示出更多生命潜能与心灵智慧。生育的妇女在尽心陪伴孩子的过程中，辛苦甜蜜地品味生命的孕育和成长的全过程，感受到从未有过的共生共感共情的关系，从而唤起早年与母亲之间依恋的再现，使其沉醉痴迷。可夫妻关系永远触及不到这个深度。因为她养育的生命是自己身体分裂而成，而所爱的那个男人，可以分享自己的身体却永远不是共体。

要看出差异之间的美感

男人见面会互相交谈，而女人见面首先相互打量。女人喜欢男人说另一个女人很丑，男人则乐于听女人说另一个男人很失败。女人安慰女人时，往往说自己很惨，男人安慰男人时，通常说另一个男人很惨。女人看重年轻，女人照镜子是看姿色。男人看重健康，男人照镜子是看气色。女人没有魅力才觉得男人花心，男人没实力才觉得女人现实。生活是活出来的，快乐是乐出来的。情话这种东西就好似大姨妈，来了总觉得恶心，不来又觉得担心。

花儿是自然界美丽的微笑

花儿是自然界美丽的微笑，也是对人类微笑的提示和召唤。我们如能时时保持内心的微笑，生命就会圆满，内心就会自在随喜。我们要懂得在自己的内心世界里，所有的不圆满来自于我们主观认定的残缺。而这个世界的圆满，也是来自于自己内心世界的圆满，并不是这个世界客观上圆满或不圆满。当我们认为别人有问题时，一定是自己在这方面也出现或潜伏类似的问题。一个人或一件事情，每个人都会有自己的角度和看法，都会有自己不能容忍和接受的东西。在讽刺别人好色的时候，实际上也是在掩藏自己内心对美色的企图。如果我们能自觉地把世界当成镜子，就可以透过它时时关照自己的内心映像，也就寓意我们开始走向觉悟。

有依赖倾向的人善于直指性欲

有依赖倾向的人会渴望与有权力身份、有完美的人格、情绪平和或心理结构完整的人贴近，用身体结合的方式来消除自身缺陷感和无力感，克制孤独与焦虑情绪。这种人与对方交往的方式，就是直指性欲。

男人永远都长不大

女人不要相信有了好的爱情关系，就可以通过那个男人了解整个世界，当然更不必因为爱情关系的败坏，而放弃整个世界。男人就是个孩子，从来不把结婚当做决定自己一生的事。他们永远都长不大，别指望他们会在六十岁之前断奶。婚姻的难处在于我们是和对方的优点谈恋爱，却和他们的缺点过日子。婚姻是一种昂贵的消费，它的货币是精力、时间、责任和爱。在婚姻状态中，主动体验幸福很重要，但幸福不是盲目追赶，而是于细微之处的发现与珍惜。发现了幸福，即是宠爱自己。在婚姻中坚持自由精神是永远的追求，因为它是婚姻的防腐剂。其实爱的反面并不是恨，而是漠然，是可怕的冷淡。

婚姻的杀手不仅是外遇

能改变男人的东西中，权力最厉害，其次是孩子，再其次是女人，然后是酒，最后才是真理。男人外遇，多为外力吸引，女人外遇，是由于内力排斥。婚姻的杀手不一定都是外遇所致，时间对此的杀伤力可能更强。女人在青春期不可能寂寞，关键是看有没有人陪她度过更年期。

创新生活，拒绝平庸

只要涉及到创作概念，其中就一定包含了人的本质和人性本身。除了通常所说的艺术创作以外，还有创作互动方式，创作家庭，创作社区，创作我们的社会合同，而社会是最顶级的公共创作。家庭关系的失败从本质上讲是由于创造力的缺失，在不知不觉地重复原来的家庭模式，没有及时注入新鲜的元素，导致关系和流程的僵化。既然创造，就要大胆，没有争议的行为不能称之为创造，没有争议的人物肯定不是创造者。真的创造一定是对原有模式的背离和叛逆，对固化的适应和对习惯的挑战。拒绝平庸应该成为家庭生活的重要警示和口号。

女人与幽默

幽默感确实能增加人们相互间成为伴侣的可能，但这种效能往往只是相对于男人而言。女人的幽默从来都不是男性择偶的重要条件，也从来不是欲望投射对象必备的资本。女人并不适合展现幽默，她们的准确表现是听了男人幽默后能笑得出声来。女人一旦引发笑点，会立刻自动变丑。但对具备特殊才能的女人例外，那些女人一旦幽默起来，就会产生超常的效果。

性是美丽的

旧观念的危害不单是它本身的不真实性，也是它抹煞人性的动机和消灭人本能欲望的企图。它在人和社会观念上，设计了各种障碍和红色界限，以所谓道德的名义对新生事物进行扼杀式的审判，极力阻隔历史进步的脚步。这种旧观念在人们努力接受新生事物初期的破坏力极大，尤其在性的问题上设置的障碍程序，使人一想到性就觉得羞耻和犯罪，是导致很多年来人们难以挣脱束缚的根本所在。性是美丽的，是人性中最重要的原动力，是生命的核心。对性的释放是人类终极的解放，是思想开放的前提。只有伪君子才会去践踏性、反对性。

要主动看到爱的证据

结婚有的时候是人们处于最脆弱的那个阶段所做出适合于自己的一种选择，但同时也把与生活相关的其它烦琐带进往后的日子里，对此要保持十分的警觉。心存怨恨的人，是不可能看到爱的证据的。越是缺失，人们越会生成另一种强烈的渴求。很多事情放不下，那就意味着精神沉溺，自怜自艾，不能从先前的泥潭中自拔，仍将自己固定在“受害者”位置上。我们不应该用过去他人的错，为自己现在的不完整寻找借口。跟不同的人生活在一起，会有不同的问题。我们渴望没有瑕疵的关系，而现实又是如此复杂多元。这是两性关系中非常厚重的部分，但也是饱含伤痕的部分。

恒久的爱情不是因执着而来

真正的随缘，应该是让每一个当下的因缘浮现作为唯一的意义。所谓恒久的爱情不可能是因执着而来，它必须是创造的产物。处在恋爱中的女人，或者认为爱对方多一点是幸福的，或者以为对方爱我多一点才是幸福的，其实她们都错了。爱的形式与分量从来不是预先设定的，你遇上一个怎样的男人，便会谈一段怎样的恋爱，在这方面运气很关键。

华丽转身

感情的事难以分清对与错，不应留有怨恨。当关系不在了，就华丽转身，既留住自尊与美好，也留住一颗完整的心。虽然有些人可以相互厮守，却厌倦到终老。还有一些人相忘于江湖，却怀念到哭泣。爱情可以把一个人变成囚徒，而失恋却可以把他驱回自由的大地。不管怎样都是一种活法，很多时候是由不得自己选择。人的喜新最多只有三十天，所以新婚燕尔就叫“蜜月”。人的忍耐最多只有30 天，所以工作以“月”薪为准。年轻时候如果有爱，别说永远，说珍惜。

性感是一种生活态度

性感不是妖艳，性感是一种审美，是一种生活态度。性感是身体天然的舒展，是自由自在，是简单流畅，是人体艺术，是自信与魅力的张扬，是高品质的创作。性感应该是极端直接而又裸露的行为，被强大的文化所支撑。矫揉造作、浓妆艳抹不是性感，总是在算计着什么，计划着什么，想达到某种目的，即使长得再漂亮，也不会构成性感。

婚姻是女人最好的职业

两性之间由于崇拜、喜欢和欣赏，最终会导致爱情，但也容易被错认为是爱情。崇拜在爱情之上，喜欢居于爱情之下，欣赏则位于爱情之畔。不能确定这就是爱情，它们只是爱情的守护者。但是爱情一旦发生，却能够将其囊括其中。在爱的关系中，智慧的女人，有充分的意志力去抵挡男人的进攻，也有足够的魅力阻止男人的撤退，婚姻是女人最好的职业。男人爱女人是自然属性，女人爱男人则是社会属性，要附加更多的社会条件作为补充和参考。相爱的两个人的适配，其实是一种内心的感觉，而不是一种视觉，不要因满足视觉而蒙蔽了感觉。

女人优雅是生命积累的外显

女人优雅并不是训练出来的，而是一种壮阔的阅历和生命丰采积累的外显。女人的大美，并不是容颜，而是所有经历过的往事。这些东西在心中留下伤痕又褪去，坚强而安谧，沉着又淡定，是生命有分量、有品质的沉淀。从某种意义上来说，人可以保持生命的鲜活，老去的只是容颜。时间会让一颗灵魂变得越来越动人。女人的优雅还表现于，即使沉默也有笑意嫣然。

小心行使妻子的权力

婚后的女人要小心行使妻子的权力，不要随意将诸多压力加付在对方身上，让他做各种本不是他能力范围内的事情，承受超额的负重。作为丈夫的他，为了不令你失望，会非常努力试图尝试和冒险，直到他再也进行不下去为止。他不能完成你对他的描绘，他无法扮演好你派给他的角色。这时他会不满，愤怒也会随之而至。最后，为了要救自己及那些关系，他开始重新做回自己，按照原先的自我去行动。这个时候妻子会错误地感觉他变了，紧接着家庭关系的味道也开始变坏，战争即将打响。

纯真的爱＋忍耐力＋独占欲

不管是什么样品质的女人，都是由纯真的爱，加上忍耐力，再加上独占欲组合而成。女性的爱极为纯正，同时独占欲望也无比强烈，这是她们的特征。对女性来说，忍耐力是一种积极素质，这不仅有效地适用于养育儿女，还可以高效地运用于母亲以外的职业。但对于独占欲来说，大部分母亲都会使用过度，成为独占欲的俘虏。她们的保护已成为孩子的束缚时，仍旧死死抓住，不肯放手。在孩子应该把注意力和爱情转向配偶和自己的孩子时，仍然要求孩子对自己表示这种感情。母亲的爱演绎成了贪欲，这种强求态度，可能会毁了孩子的一生。

沉默是女人最大的哭声

女人就是这样，当她们嘴里反复出现一个男人的名字时，无论是夸还是骂，潜台词都是“我爱他”。如果她开始沉默了，那就是她最大的哭声。每一个不懂爱的人，都可能遇到一个懂爱的人。之后经历一场撕心裂肺的爱情，然后分开。后来，那个不懂爱的人慢慢懂了。而懂爱的人，却不敢再爱了。

女性比男性更勇敢

优秀的女人在坚守爱的纯正性的同时，又不让自己的视野因此而狭窄，从而使爱的能力在社会中得到广泛的体现。这也是女性通过自己的行动，创造自己新形象的出发点。为实现这一目的，女人要超越个人原始的局限，用开阔的眼光去看待自己所爱的对象，用更宽广的胸怀与新世界拥抱。因为女性孕育生命，她们天然地比男性更珍爱生命，在她们身上有着保护和防护生命的本能，也具有破坏生命的战斗特质。所以在很多方面，女性都能表现出比男性更加勇敢的作为。

一种大公无私的基因叫花心

有一种观点，说是从远古时代开始，男人因狩猎和部落战争大量死亡，部落中女性比例远高于男性。男人们总先挑选部落中漂亮年轻的女人，剩下普通的女人。如果男人自私，只和优秀的女人做爱，那么部分女人就失去了怀孕机会，人口就会锐减。为了挽救人类，男人逐渐进化了一种大公无私的基因，这种基因的名字叫花心。进化也让男人在偷腥时，智商仅次于爱因斯坦。而女人在捉奸时，推理相当于福尔摩斯。

男女声二重唱

女人嫁给男人希望他有所改变，男人娶女人希望她永远不变。女人为你花钱肯定爱你，不肯花不一定不爱。而男人为你花钱不一定爱你，不肯花钱肯定是不爱。爱是女人一生的主旋律，但对于男人来说只是生命中的一个乐章。女人幸福在于男人真爱，男人的幸福在于女人值得爱。失去男人陪伴的女人会慢慢变得憔悴，失去女人伴随的男人会渐渐变得愚蠢。女人成功背后有一个伤她的男人，男人成功背后有一个爱他的女人。两个男人追一个女人，用情浅的先放弃。两个女人追一个男人，用情深的先放弃。男人的脸是自传，女人的脸是幻想作品。男人事业失败后易萌生结婚念头，女人在男人事业有成时易萌生结婚念头。男人有外遇显得越来越忙，女人有外遇做菜是越来越咸。男人拒绝不了新欢，女人拒绝不了旧爱。女人在丧失青春后，开始追求品位，男人在丧失青春后开始追求别人的青春。每一个女人心底都住着一个让她永远意乱情迷的男人。每一个男人心里都挤着几个他想得却得不到的女人。

伴侣的理想状态只能用于想象

伴侣之间的关系很复杂，理想的状态只能用于想象。一旦进入共同生活形态，原先所有想象都会被怀疑、被否定、被破坏。拥有理想伴侣的信念不是问题，当发现伴侣不理想时怎么处理才是问题。很多人爱得很苦，那是因为他们无法再与他爱的对象保持知识同步、情感同步以及愿景和目标上的同步。当彼此不在同一个平台时，就会觉得即使费了很大的劲努力去爱，收获或反馈的却是一件焦虑和烦躁。女人一般情况下都是在和男人的潜力恋爱，她相信这个男人将来会有她所期望的成就，会变成她所渴望的那种人。她在和一种期待谈恋爱，直到她的期待落空了，她也就失恋了。

女人不要把浪漫作为储蓄

女人不要把浪漫作为储蓄存起来，趁着那个男人还没有完全变成混蛋时，把该浪漫的都给浪漫了，彻底消费掉。以后就是两个人为了谁洗碗谁接孩子的事而打得不可开交时，还可以回首当年他递给你钻戒时眼里的柔情。记忆这个东西，新三年，旧三年，缝缝补补又三年。有些事，你把它藏到心里，也许还更好。等时间长了，也就变成了故事。

爱一个人到七八分刚好

女人要懂得在与对方建立的恋爱关系中，你并不是他的唯一，只是他的一个选择。相反，你也只能把他当成你的一个人选而已，绝不是你生命中的某个优先。对他人的依赖，会成为你的习惯。当分别来临时，你失去的不是那个人，而是整个精神支柱。爱一个人到七八分刚刚好，所有的期待和希望也控制在七八分左右。剩下那两三分用来爱自己，给自己留有腾挪的余地。如果你毫无保留地倾注全部的情感，反而会给对方带来沉重的压力，彼此会缺氧而喘不过气来，降低了爱的乐趣。有个说法很合理，就是喝酒不要超过六分醉，吃饭不要超过七分饱，爱一个人要控制在八分以内。

70% 是情绪，30% 是内容

两个人的沟通时，70% 是情绪，30% 是内容。如果沟通情绪不对，那内容就会被扭曲打折。所以沟通内容之前，情绪层面一定要梳理好，不然误会只能越来越深。感情就像白米饭，浪漫就像桌上的菜。人饿时会想着吃饭，但吃完后，更多人喜欢评论菜好不好吃，而忽略白米饭的味道。现在让你伤心的，将来你一定会忘记；现在让你开心的，将来不一定陪着你。谈恋爱，谈的是现在，而结婚选的却是未来。真正会影响到你生活的，不是当前的情绪，而是对方的人品。会谈恋爱的，不一定是好男人。而不会谈恋爱的，却可能是好老公。选男人，要看人心，更要看人品。

因人而异的沟通

关系的沟通是根据对象的特点而有所不同。与老人沟通时，他们的自尊最重要，男人则要注重他们的面子。对于女人来说，不要忘了她们的情绪。在上级面前，要记住不管是什么场合，他们永远都需要尊严。与年轻人沟通，直接是特点。与儿童在一起，要尽量和他们一样天真。一种态度走天下，必然处处碰壁，因人而异，才能四海通达。

恋爱本来就是在体味人生

恋爱本来就是体味人生，肯定存在的意义。在独特的对方身上投射独特的欲望，认清自己的限制、弱点和人性真相，从中学习成长，体验来访此生的意义。也从付出的过程中，学习自我进步和感恩。爱情最重要的意义，在通过与对方相处，修行自己，让自己成长。分手了，就做回自己。爱情是两个人的事，错过了大家都有责任。一个人总要有新的开始，别让过去把你拴在悲哀痛楚之中。别说你最爱的是谁，人生还很长，后面还有许多故事在等着你去读。谁也无法预知明天，好聚好散，每个人都有自己的无奈。活着不是为了怀念昨天，而是要等待希望。哭完就把一切都留在昨天，永远不要去触及。

爱情的天敌是时间

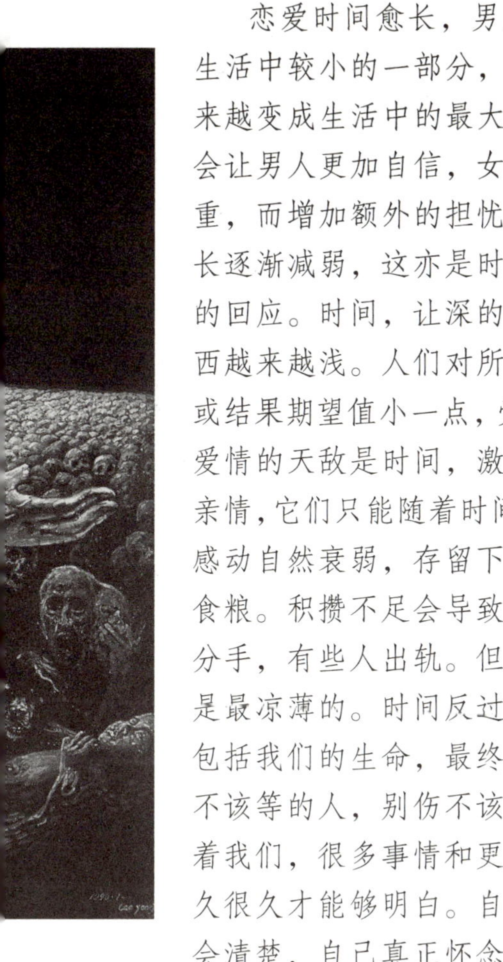

恋爱时间愈长，男人愈希望爱情能成为自己生活中较小的一部分，而女人反倒希望爱情能越来越变成生活中的最大，乃至全部。感情的深入会让男人更加自信，女人则由于对它的依恋和珍重，而增加额外的担忧情绪，自信感会随时间拉长逐渐减弱，这亦是时间给予恋爱男女非常不同的回应。时间，让深的东西越来越深，让浅的东西越来越浅。人们对所经历的和今后未知的事情或结果期望值小一点，受伤的机率就不会那么大。爱情的天敌是时间，激情和浪漫并不生产恩情和亲情，它们只能随着时间流转，慢慢冷却。爱消逝，感动自然衰弱，存留下来的便是两人今后相处的食粮。积攒不足会导致进食危机，接下来有些人分手，有些人出轨。但以爱没了为借口的背叛，是最凉薄的。时间反过来可以解决所有的问题，包括我们的生命，最终都要交由它来处置。别等不该等的人，别伤不该伤的心。时间在前面等候着我们，很多事情和更多的情感，真的要过了很久很久才能够明白。自然会有那么一天，我们终会清楚，自己真正怀念和收藏的，到底是怎样的人，是怎样的事。爱到感恩，才是一生。

谁决定精神生活的水平

经济上相对独立的女人，对男人的要求会从平面的审美上升到立体，会主张关系独立，鼓励各自的精神自觉。她们不恐惧与男人分离，不管怎样她们都能创造出另外一种生活方式，都可以活得很好。这种物质上的从容，让她放慢了对婚姻和爱情的脚步，平和而又淡定。不会充当猴急的大姑娘角色，拼命想嫁给一口锅，而不顾这锅里都有什么东西，能盛装多少。女人，只有经济独立，才更有底气做其他。夫妻之间的物质生活水平，通常是由收入较高的一方来决定。夫妇之间的精神生活水平，往往是由素质较低的一方起决定作用。相伴的那个男人会影响他的女人美丽的程度和期限，一个男人能走多远，取决于与他相随的女人。

执着是一种负担

变化是宇宙的常态，也是关系的常态。我们今天抱怨的，常常是最初所爱的那部分。原始的东西没变，是环境变了。景色没有变化，是眼神变了。他人没什么变化，是自己变了。当我们抱怨的时候，也要回头想想，当初为什么选他、爱他、欣赏他。用年轻时的眼睛和心情，试着挽留曾经的过往。有些东西错过了，就一辈子错过了，不会再回来。人都在变化，能守住一个不变的承诺，却守不住一颗善变的心。执着是一种负担，放弃是一种解脱。既然人不可能完美，那么幸福百分百就不存在。

婚姻需要精神共同成长

婚姻真正需要的，可能不是爱情，不是孩子，也不是金钱，而是精神的共同成长。在人生低谷时段，在你无助、软弱、沮丧和落魄的时候，在你与病魔决斗的关键时期，有那个人坚实的托举，扳直你的脊梁，温暖的拥抱，命令你坚强，伴随你左右，为你分担重负。那时候，你们之间生成的不单是新鲜的情感和更结实的爱，还会衍生出肝胆相照的义气，不离不弃的默契和铭心刻骨的恩情。真正的感情不需要追赶，两个人的内心需求的一致和共同的向往，自然会将两颗心的距离缩短，在无意识中渐渐靠近你我。从好友到情人，如果感情真挚合拍，时间用不了多久。通常彼此喜欢的认定，在时间节点上相距很近，甚至会聚焦在一瞬间。同节奏的爱情和同频率的心灵跳动，更容易奏出和谐而动听的乐章。优良的爱情可以让两个人在一起时，感受到轻松快乐，没有压力。爱的方位不是质疑，而是尝试并行动。爱的终点不是找到完美，而是在行爱的过程中明白活着的意义。

男人应归属于家庭用品类

女人要对自己的男人有一个准确的定位和使用，不能把他简单确定为“爱人”。大多数女人正是由于对象功能设定有误，直奔爱而去，到头来爱得辛苦，不得其果。客观地说，男人只是女人爱的一部分，大小多少因人而定。女人的爱应该是多元和宽广的，包括家庭活动、孩子成长、社会交往、工作事业、读书修行、减肥美容等等。从实用角度来讲，把男人作为主要的家庭用品，是挺靠谱的。要坚持单一用途，不可多选。既然你要一口锅炒菜，就别指望它还能为你咏诗，与男人相处的道理就这么简单。你做你的，我行我的，该交叉时自然交叉，该平行时各走其道。如此这般，既放松了别人，也舒服了自己。

暧昧这件事不能搞得太久

暧昧这件事还真的不能搞得太久，它就如同九十多度的水，发着低烧，将沸未沸。虽然外表平静，内在却暗流涌动。它处于友情以上，爱情之下的中间位置。似乎在某时间段可以享受模糊朦胧的美感和体验激烈碰撞的刺激，但这种似浓非浓，似淡非淡的混沌状态，会使关系摇摆不定，患得患失，无缘地生成多余的怨恨和虚幻的前景。时间久了，品质必然败坏。当初相互馈赠的蛋糕会腐败成发霉的毒药，所有美好的过往和记忆都将清零，留存下来的都是不堪入目的垃圾和废料。严重的，后果将无限期地延续，很可能是互相折磨，彼此践踏。

男人兴趣和注意力的转变

男人天性具备两个特点，一是与生而来的性，二是天赋的责任。一般的男人都不会主动抛弃发妻，因为有责任的提醒和道德的约束，让他们自觉地坚守这个底线。但在处理性的问题上，总是给自己制造出很多的麻烦。男人们大概到五十岁以后，才会踏实地过日子，他们的兴趣和注意力会出现重大的变化和迁移，责任感会更加坚实，这个时期的家庭稳定才是真实稳定的。

只是因为你太好了

有的男人身边跟随很多女朋友，那是因为他们会甜言蜜语，擅长死缠烂打，敢于说谎话。而某些女人有很多男人追求，是因为漂亮，会发嗲，会装乖，目的性强，专门吃男人这口饭。所以，诚实的男人没女朋友，正直的女人也缺男朋友，即俗话所说的好男无好妻，好女嫁赖男。如何让好男人与好女人大概率结合，这是个世界性难题。很多时候，你没有男、女朋友的真正原因，不是因为这世上没人独具慧眼，而是因为你太好了。怎样判断你遇到的那个人是对的？其实很简单，除去其他认可的原因和条件以外，最主要的就是感觉那个人不会走。你不需要花费心机和设计手段，不用去想怎么留住他的心、他的胃，他就是不会走。而且在此关系之下，你可以全然地、彻底地做真实的自己，并且对方迷恋和欣赏你这份真实，并给予鼓励与配合。

关系的珍惜

结交了一个什么样的人，就会选择什么样的生活。精神攀爬达到什么样的高度，就会瞩望什么样的未来。爱上一个人可以爱上与他相关联的所有，包括他所在的那个环境，他的生活方式，他的人生道路，他的人生梦想。即使闭着眼睛，拉着他的手，也不怕迷路，不惧跌倒。人在感觉幸福的时候，能牵手的时候，请别只肩并肩。能拥抱的时候，请别只手牵手。能在一起的时候，请别轻易分开。即使无法预知将来怎样，也可以事先享受和品味这一美好时刻，至少这是对可能的尝试。况且它一旦逝去，就有可能不再回来。

爱情颠倒定律

婚姻关系中有爱情颠倒定律这一说。它解释在恋爱中的人们通常会表现与内心本质不一致的行为，充分隐藏自己部分性格，在婚后完全释放，前后对比判若两人。本来是强势性格的女人，在恋爱中表现出的却是小鸟依人的样子，结婚后很快会恢复本来的面目。恋爱中男人表现出事无巨细，精心呵护自己的恋人，在婚后则重新显现懒散邋遢的生活行为。婚姻中的当事人对此要有所了解，不必大惊小怪，都是正常的现象，无需将此上升到道德层面去评价。不要惊呼对方变坏了，先看看自己是否也伪装过，然后相互面对真实，重新调整方略，小心温柔地去劝改他人，同时也不要忘了修正自己。

男性没有女性进化得那么高级

再奔放的女人，也有为一个男人收心从良的时候，不再越轨。而再安分的男人，也很难为一个女人收心一辈子，其区别不过是心理出轨或生理出轨。所以，女人无论如何放荡，底线都是忠诚。男人无论如何忠诚，内心都渴望放荡。男性DNA和女性有百分之零点三的差别，男性没有女性进化得那么高级。有人说，百分之零点三也没什么。如果知道大猩猩和人类只差百分之一，可能就不会这么认为了。男人们不要自视过高，那点小把戏女人都看得一清二楚，有时候就跟看大猩猩是一样一样的。

猫和狗

狗与猫相比较，显得呆傻，一根骨头一块肉就认定你爱他，死心塌地对你摇尾巴，跟随终生。猫不像狗那样，它总是很孤独。它冷眼看世界，不管你如何宠爱，它依然小心翼翼躲得很远。猫认为狗很花心，谁对他好谁就是它的主子。狗会觉得猫过于警觉和狭隘，一点点欺凌和误会，就让它悄悄恨你一辈子。猫其实并不懂得狗，狗不是花心，是善良和忠诚。狗也没读懂猫，猫不是不会爱，而是不敢爱。猫狗如此，男女亦然。

爱或者被爱都不如相爱

爱或者被爱，都不如相爱。良好的爱的关系是两个人彼此做伴，不束缚，不缠绕，不占有，不考验，不渴望从对方身上挖掘意义。两个人并排站在一起，看看这个落寞的人间。爱情内容很丰富，有浪漫，有疯狂，有刻骨铭心，有柔软触动，有生死相许，有背叛反复，有成熟，也有期许成熟等等。每个人的选择不一样，寻找的答案不一样，处理的方式不一样，命运的轨迹不一样，生命的状态不一样。每个灵魂都无比独特，所以最后的结果都不尽相同，因为恋爱毕竟还需要运气。在爱的关系之下，当事人双方要建立默契，有事情要说出来的，不要等着对方去猜测和领悟。因为对方不是你，很难把握你真实的想法，等到最后只能是伤心和失望，尤其是感情要求。男女之间的情感断裂，不是因为不爱，而是因为不懂。如果不找个懂你的人爱你，那么至少让爱你的人尽量能读懂你。在两个人的世界里，因为没有其他人做缓冲，那么彼此之间的懂得要比爱更重要。一个人若不能真正懂你，那他们的爱越深就越折磨人。

不正经的男人

优秀的男人开始给人的感觉通常是光滑的，既没有耀眼的展现，也洞察不出有哪些破绽。他们不会让人第一眼看到外表，而是让人不自觉地意识到他们的夯实和稳定。然后在逐步的交往中，他们有足够引力和内涵让他人有兴趣并充满好奇地进入到他们丰满的精神世界，实现一种快乐的交集和融合。魅力的女人也会是这样，让人第一眼看到的并不是美色，而是气度，是优雅，是高贵。人的魅力不是天生而就的，它需要时间培养，需要精心地设计和安排，是一点点养出来的。不要因他人一时的失误就产生嫌弃或厌恶，最好的往往是在你身边最久的那个人。生活中有些不拘小节，稍微带点不正经的男人，其实是挺靠谱的。他们偶尔说说脏话，讲讲荤腥，但都懂得基本的处事道理。他们擅长幽默，做事有分寸，不过激，拒绝道德洁癖。他们与那些惺惺作态、文质彬彬的男人比较起来，更凸显包容、大度，有较强的集体荣誉感，并且绝不猥琐。

女人的弯曲表白

只要涉及到情感话题，女人的表白都是弯曲的。因为这已经进入到女人最敏感地带和最后的防线，亦是她们乐于或擅长的作战区域。当她们说分手时，心里想的是你能对我更好一点吗？说再见时的潜台词是挽留，说不在乎时，那就更要小心了，这个时候心里在乎程度已经上升至极点。她们嘴越硬，越是在强烈掩饰心里的脆弱。男人在这个时候不要因女孩的拒绝推脱而放弃，这可能是离她的心最近的时候。女人就是这样，她们的忧伤像她的爱一样，不是太少，就是超重。她们天生就是资深的哲学家，至少她们都透彻地掌握着一门哲学，即斗争主义哲学。

男人也有生理周期

有一种理论解释，男人也存在生物例假现象。其特点是：超过三十岁的男人，半数以上有例假，一般每两个月一次。男人的例假由体内激素变化导致，具体生理表现为口舌生疮，牙龈肿痛，食欲不振，性趣大减。根据每个人的具体状态不同，还可能出现头痛、失眠、过敏、磨牙、反胃、背痛、脖子僵硬等症状。所以，女人要有所了知，如果你的男人突然对你冷漠，也许是他的例假来了。

坚持婚姻的浪漫

好的婚姻必有丰满的浪漫参与，而爱则是浪漫的源泉和原点。夫妻双方如果不经意地堵塞了浪漫的通路，就可能会去寻求婚姻外的情感刺激。性关系的和谐则是一个极其重要的指标。男女之间的浪漫和激情，婚姻前期主要取决于身体的融合程度。身体的相互不配合或不默契，这种生理上的抵制会直接转变为心理层面的对峙和压抑。凡是因为一点小事引发的争斗，潜在的因素一定是之前相互身体的反抗所积累的愤怒所致。这就是为什么人们普遍认同七年之痒，甚至还有人接受三年之痒的事实。但在生命的后半程，随着精神层面的提升，会弥补先前身体所造成的某些缺欠。不管怎样，婚姻中的浪漫必须进行到底，就像坚守生命一样。

思维狭隘的三角区

女人在爱的关系中既要灵活生动，也要有自己的坚守，有直觉的准确判断。不能为了所爱的对象不断地、无原则地修改自己的底线，盲目地为他找借口，委屈地原谅他。如果你认为值得为他这么做，那么你就需要清醒地评估一下，他有没有真的那么喜欢你。不要钻进思维狭隘的三角区，只是因为他忽略了你，就感觉全世界都不在乎你。也不必因为他在乎了你，就激动得让你忽略了全世界。如果你拿出一生的时间去等待，可能会找到适合自己的那个人，但有谁能用一生去等待？既然不能，就珍惜现在手中的。这一辈子，你恨的人来生不会再见，所以无需在他身上浪费时间。你爱的人来生也不会再见，所以今生要好好待他。专一可以，但专一不是一辈子只喜欢一个人，是喜欢一个人的时候一心一意。

爱情与婚姻不存在永远的关联

婚姻是爱情坟墓的说法，本身就是严重混淆了爱情和婚姻的关系，爱情本来就跟婚姻不存在永远的关联。虽然我们都是从母体脱离出来，但经由生命成长之后，就必须脱离母爱的包裹，进入成人的生活，婚姻便是爱情长大之后成人的模样。倘若身处婚姻中，情绪还沉溺于爱情游戏里不能自拔，津津乐道，那就像不愿长大的孩童，用任性来折磨对方，直至爱情和婚姻同时毁灭。婚姻能够圆满的真谛，是要及时脱离爱情的梦幻。不再积极追求勇于斗争，主动举起双手扯起白旗，适时地向婚姻投降。要承认生活是一首歌，再伟大的人，也不可能总是唱得字正腔圆，总有荒腔走板的时候。少一年，少一个月，少一天，都不是完整的一辈子。婚姻中出现的争斗和较量，从来都没有赢家。即便出现了所谓的伪胜利，也必然会伤及对方，严重的可能导致关系的破裂，胜利的喜悦马上因为婚姻主体的失败而变得一钱不值。请记住，如果这个世界上有一件事是不用通过斗争获得胜利的，那就是婚姻。既然如此，那就让我们快乐并心甘情愿地选择投降。

婚姻中的仇视期

在婚姻生活中，很多夫妻会在某时间段里非常敌对，之后又融合，接着再次成为仇敌，然后再次和好如初，周而复始。所以说，婚姻中重要的不是如何相爱，而是怎样安全度过婚姻中的仇视期。大多赞扬两性关系美好的词语，都采用正面激励原则。为什么会这样，是因为处理好这种关系太难。既然你进入了婚姻状态中，就必须经常地鼓励自己坚持，没什么合适和不合适的，除非你放弃婚姻这种生活模式。但任何理由的放弃，都并不意味着解脱和胜利。其结果是要么是在新的关系中继续挣扎，要么是在孤独中寻寻觅觅。

男女时段的交合点

对于年轻的男性，爱和性是可以分离的。随着年龄逐渐增长，会将两者逐渐聚集在一起，女性可能还感受不到这一点。正是因为很多原因说不出口，纠纷就会频频发生。两个人能否走在一起，最关键是在特定时间内所出现的机会。女人正好亮相在他想要安定的时段，那么胜算就很大。如果出现在他对这个世界还充满着无限好奇的时候，就算那个女人多么美丽、多么优秀、多么努力都可能是徒劳的。

爱不能过于算计

声乐老师告诉我们唱歌的时候，如果一直去想怎么唱，就很容易跑调。自然流畅，合理使用气力非常重要。以此推理，爱也是不能过于算计的，一旦有了许多想法就不能称之为爱，就已经走样了。试着想一想孩子被父母关照、呵护，完全是在极其纯粹、洁净的心理状态下进行的。所以说，你想达到爱的目的，那么这个过程一定是无私的、忘我的，除非另有所图。声音这两个字是由声和音组合而成。声是耳朵接收的频率振动效果，而音则是心灵颤动的回响。看见也是如此，看是视网膜的映射，而见则是心灵的透视。所以，真正能看得清楚，感动人的事和物，一定是经过心灵的过滤和升华，才会达到至美的境地。

把婆婆当成直接上司来尊重

嫁人只需一段时期的心理准备和勇气，而守护一场婚姻，却需要一辈子的倾心维护。由爱情的浪漫转入婚姻的庄严，由两个人的婚姻结合，过渡到两伙人或两个团体的集结。所以说，嫁给一个男人，也是嫁给一个家庭，并且还要把婆婆当成直接的上司来尊重。娶了一个女人，也接收了她所有的关系成员，包括亲朋好友。

真爱的鉴别

真爱的鉴别是这样，即谁也不控制谁，最后是谁也离不开谁。当一个人抓住你的小错而分手，事情的真相不是因为你有错，而是因为对方那个人还不够爱你。原谅这种事，只与爱的深浅有关，有多少爱，就有多少原谅。真爱不会叫你痛苦，爱你的人不会让你患得患失，凡觉得辛苦，即是强求。如果你总觉得痛苦，一定是哪儿出了错，或者来自于对方，或者你自己有什么问题。这个时候需要冷静，需要重新审视和评估，需要调整方向和节奏，甚至结束关系，从头再来。婚姻幸福大致分为两种，一种是看得见的，一种是看不见的。前者是物质的感观，后者是精神的感受。你选择了哪一种幸福，也就决定了今后的人生方位。幸福不容易被感觉到，只有不幸才“有感”，就像自由不可以被感觉到，只有不自由才会。

关于小三的技术处理

女人在处理家庭危机时，要清晰地认识到自己想要的生活方式，并认准对面的那个男人。不管今后大家过还是不过，都有不同的解决方案，但唯独不能采取鱼死网破的方式。因为这样的行为，死了的那条鱼一定是当事人自己，之后人家还会平静地补好他的网，继续下一轮的捕捞工作。人世间的事永远是邪不压正，如果老婆是正，那么小三就是邪。对待这种情况，守

是上策，等是中策，攻是下策，闹是下下策。这是因为闹的分寸很不容易把握，一旦整得过火了，事态就会跑偏，老婆就变成邪的了。男人确实有很多问题，从进化角度来讲，相对于女性，男人欠缺了很多。尤其是在动物性占上风的时候，理性思维低下，冲动十足，只有在动物性退潮的时候才可以讨论问题。作为妻子，要适当调整对待男女关系的认识，甚至在结婚生孩子之后，完全可以将床第之欢列入体育娱乐范畴，就好比男人换了个球场打球，如此而已。举重若轻之后生活就会容易多了，不必把床第之事看得太重，你忽视它，它就不会伤害你。这样，老婆的日子过好了，男人的日子好过了，小三的日子就会难过，除非她单纯热爱体育项目。无论是老婆还是小三，都是以拥有男人、拥有家庭为目的的。小三一旦意识到进入了纯娱乐范畴，她们自己都会看不起自己的，退出就是必然结果了。我们处在社会激烈变化的年代，男人女人都活得不容易，互相为难不是个办法，互相纵容也不是个办法。作为老婆，重要的是稳住阵脚，稳住男人的心，稳住家庭。作为小三，要想明白插足之后，受伤的除了别人还有自己。作为男人，要掂量多吃多占之后，自己能不能消化承受。爱无疆界，自爱才是第一位。

白头偕老与爱情无关

男人天生需要尊重，女人生来就需要被爱。大部分婚姻失败的原因，最主要的是彼此忽视了这个天然需求，双方也自动进入抱怨、猜忌、指责、争吵的角斗场地，在那里一定要分个上下，争个高低。解决这个问题其实很简单，只需满足对方的天然需求，就可以读懂对方的信息编码，在他人的心灵广场里悠闲地散步。夫妻间在彼此相爱的同时，小心不要将爱做成系链。可以向他人的杯中斟满美酒，却不必非要在同一杯中啜饮。既可以共同欢歌载舞，也允许彼此间歇的独处。虽然在同一音频中颤动，但也要保持各自琴弦的独立。爱，就疯狂，两个人撑起所有的梦想。不爱，就坚强，一个人扛起所有的伤。白头偕老这件事其实和爱情无关，只不过是坚强的忍耐。所以，真正在乎你的人，其实就是愿意一直忍受你的人。

不必执着于同步

男女之间的情感相爱和同步行进是两码事，相拥相抱却不一定能同步行走。所以，当两个人一旦发展到无法包容或等待时，不必执着于同步。先稳定自己的脚步，再去包容他人的步伐。生活可以浪漫，但不能深陷在诗话之中。比如“月亮代表我的心”，就是最不靠谱的情话，因为它每个月只有三两天是完满的，其它时间都处于残缺状态，坑爹的是每年还要来次月食。女人没有必要去追求完美，那些魅力无边的男人往往不属于某个女人，他们是用来供大众消费的。男人心目中最好的女人，永远是未知的下一位。

怨恨和内疚会让人丑陋

怨恨和内疚对女性来说，是有害的毒药。怨恨会把负面的能量传递给对方，而内疚则是掉转枪口，把这种不良的情绪对准了自己。人可以愤怒，但事后必须采取行动进行补救。当然也可以懊悔，但要及时改善自我，否则怨恨和内疚除了让女性丑陋以外，也会带来疾病。夫妻相处久了，就自然不是爱了，而是无法分离的依赖。如果真的有一天必须失去时，感觉到的可能并不是痛，而是不舍。有些事情，想记得的就会记得，还有些事情，想忘记的也自然会忘记。如果实在忘记不了的，就不必忘记，因为忘记是不需要努力的。

遗忘是疗心良方

婚姻中的双方均需认真培育自己，如果不努力发展自己全部的人格，那么无论是以哪种方式来表达爱，其结果都不会完整和满意。真正谦恭地、勇敢地、真诚地和有纪律地爱他人，是婚姻生活满足的必要条件。女人要学会不动声色，不要太情绪化。在遇到对的人与事的时候，要懂得先沉淀自己，不过于矫饰，不渲染外表，保持优雅谈吐。不必频频回头，眷恋常是伤心毒药，遗忘却是疗心良方。

女性的成长

不管怎样，女人还是要有一份能养得起自己的事业。即使把爱视为家庭生活中绝对的内容，也还有很多东西是爱不能给予的，比如朋友，比如成就感等。女人，在遇到能让你真正托付一生的那个男人之前，必须像一个男人一样去生活。要想过得好一些，还是要走内在男人化、外在女人化的路线。通常每一个内心强大的女人背后都有一个让她成长的男人，一段让她大彻大悟的感情经历，一个把自己逼到绝境，最后又重生的蜕变过程。如果她们能正向地锻造自己，就会拥有一颗强大的心。这样的女人平时不会表现得咄咄逼人，她们会让人感觉到温柔，有韧性。脸上常挂微笑，做事不紧不慢，沉着淡定。女人过于依赖他人会显得可怜，太独立又让男人觉得累。最好是人格上独立，情感上依赖，生活起来会感觉轻松又富有情趣。

男人的沉默

男人被逼入争执境遇时，大多会选择沉默。在沉默中，隐含的可能是抗拒和逃避，也可能是失望和无助。女人们应该尝试着先体谅男人无法用语言表达的限制，耐心诱导他们表达，而不是在脾气的威逼下令男人更害怕出言犯错。事实上，男人并没有想象的那么强大。女人似乎善于讲道理，其实她们的道理就是自己的感觉。既然这样，女人们在释放感觉的时候，要有所保留，有所处理，有所控制。在维护对方尊严的同时，也完成了自己的精神诉求，这才是高手。

适当地“耍流氓”

无论爱情还是友情，不要把终极目的设定在安全的归宿意义上，而是要强调在过程中相互的理解和默契，彼此托举和推动。不管是在什么时间，什么样的心情，什么样的状态，都可以边走边谈。不要把婚姻处理成跟商务社交那样相敬如宾，过分地察言观色，其结果会显得无趣。浪漫之所以迷人，令人陶醉，就在于其中有一点“浪”。对于所谓爱情里的“情”，要表现得俏才有味道。甚至掺杂些小坏，适当地“耍流氓”，也会增加些生活的绚丽色调。很多时候，女人爱坏男人，男人爱坏女人，这并不是因为贱，而是想接受些刺激来调理自己生活氛围，去追寻自己没有的那部分东西。在通常意义上的好人生命里，稀缺充满魅力的坏。只有他们尝试过并深深地失望过，老好人们才会有正确的觉醒。爱错人，只是因为你太好了。对女人来说，众人眼里的好男人可能相处起来会觉得不畅快，不尽兴。相反，那些所谓的坏男人，倒感觉甘之如饴。感情就是两个人的事，别人意见听听就好，别把它当真。任何好坏的评价，都不如心甘情愿。不想要的，就是痛苦，想要的，全是幸福，事情就是这么简单。

解得开的是结，解不开的是劫

时光越老，人心越淡。岁月就像是一个窃贼，总是不经意地偷去许多，包括容颜、情感和幸福的生活。也许人们无法对重大的悲情做到熟视无睹，但也不必干戈相向，毕竟共同拥有过花好月圆的时光。心上的纠葛，解得开的是结，解不开的是劫。不是每个人都能保持情操高尚，思想是可以肮脏的，但生活上必须健康。因为没 有一个销魂的身体，也就支撑不起一个龌龊的灵魂。女人在把自己交出去的瞬间，是人生的重大抉择，要走脑更要走心。如果我们毫不怀疑地去相信一个人，那结果可能只有两种，要么获得一生的知己，要么得到一生的教训。爱一个人可以爱到不要命，但是绝不能爱到不要脸。否则总会有一天，要做好被洗劫一空的准备。

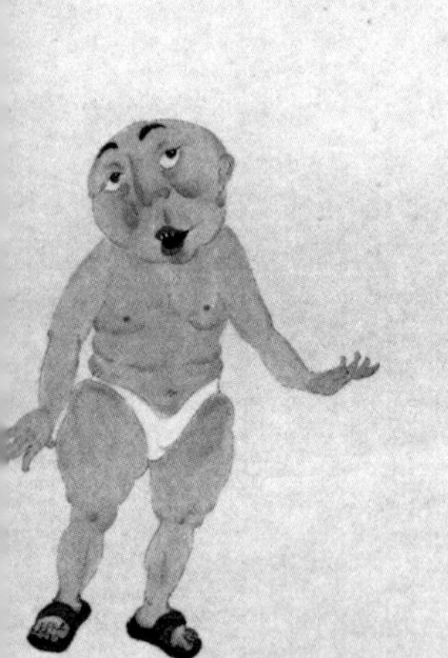

后序

提笔写这本书的动机，是缘于朋友的委托，为其女儿设计一个别开生面、文化感强一些的婚礼，顺便为新郎新娘写一本《婚姻培训手册》。也可以作为礼品，赠送给每位到场的嘉宾，算是整个婚礼程序中的一个设计。原打算只写两万字左右，但写着写着就收不住了。感觉这本小册子不仅适合婚姻新人，也适合恋爱中的青年男女和经年夫妻，无论他们是在婚姻状态还是仍游离于婚姻之外。最后逐渐由婚姻关系展开到其他关系，包括人与自己，人与他人，人与自然，人与神灵。一不留神写成了十二万字的厚书，顿时兴起，那就干脆出版算了。

让自己与自己相遇，是灵魂的觉醒。人只有在灵魂觉醒之后，才不会一味地去依赖爱、寻找爱、企盼爱，而会成为爱的本身，才会具有创造爱的能力。在此之下的精神指向和行为准则，会自然地规范在高级别的境域内。人一旦呈现出这种生命状态，必然会拥有大爱的情怀，会附着更高的生活情趣和格调，表现出更完整、更丰富的生命特征，充满着高尚情操，使生命更具品位，更有质量和意义，才可能最终修炼成为一个自身附着神性的高级生物。对关系实相的认知，是灵魂最初的觉醒，直接关乎一个人的生活行为和人生目的，同时也把控了关系走向和尺度。人之所以困惑和无明，关键在于关系的纠结。我们所有的幸福与快乐以及人生意义，取决于关系的正确处理。我们能顺从光明，背离黑暗，是与关系的正确对应。人与人之间关系的变化是这个时代较为凸显的特征之一，手中能执有一把开启关系大门的钥匙，即意味着我们有可能去体验美好，将本体置身于自由、自在、自然的状态中。关系无处不在。所以，我们对此要保持清醒，主动梳理自己的思想脉络，调整好关系的角度和位置，重新设计自己人生的路径，以一个全新的关系态度与生活进行勾兑。在这个世界里，对于每个人的生命体系来说，最美好的事件就是精神的成长。一个人生命需要成长，两个人婚姻需要成长，所有万事万物都需要完成各自的成长。如果一个人能喜欢自己，欣赏自己，爱戴自己，并不惧衰老，那他们一定是始终处于成长的状态中。只有成长才能与永恒、与时光抗衡。而只有我们正确地把握和透视了关系的本相，所有的成长才会成为可能。爱有大爱和小爱之分，只有胸怀大爱，小爱才能正常地伸展。这种大爱是在敬畏和怜悯之心支持下的通用法则，坚决剔出种族、宗教、文化甚至物种的歧视。不刻意制造彼此的差异，不将自己划定在某个种族之内，让自身归属于整个世界。无论是人类、动物、树木、花草、山川或河流，不因生命的形式或状态不同而加以区分。不冷漠，不傲慢，万物一体，地位平等，都视其为地球的生命组成部分。只有这样，彼此的对应物才会和谐，不对立，不冲突，才会自动联结，才会成为整体。这就是觉醒。爱是人类重要的精神支柱，关切每一个生灵的伤痛，摒弃猜疑，摒弃愤怒。在众多纷繁的混乱中，只有爱，才能让我们找到生命的出口。只有这样，我们才会深切地感知美丽不是外在的，只有当我们真正明白了什么是爱的时候，美丽才会显现。

在本书中，我没有引证具体案例，主要考虑到每个人的生命状态和价值观的差异。过于具体的描述可能会限制了读者的想象和判断，这也是基于人们在不同境遇、不同年龄和不同的生命状态中有各自不同的哲学思考和生命反省。本书可作为父母的工具书，可选择其中的某个观点，与孩子进行讨论，实现一种有意义的交流和互动。或许还可以利用它干点别的。

在这里，我需要提到非常值得或骄傲的女儿。她在 2002 年被哈佛大学录取并获全额奖学金。本科毕业之后一直从事对冲基金工作，之后又在剑桥大学攻读国际政治专业，现在高盛公司做金融工作。她是一个发展比较平衡的女孩，我们之间一直保持着相互沟通和讨论问题的习惯。大概在七八年前，有一次，我说了句什么，她马上记下来。这个举动让我萌发了一个冲动，马上定制了一批牛皮手工本。从那时开始，我每年都会为她手写一到两本读书笔记，每本大概五六万字，其中包括哲学、政治、教育、心理学等。从俗到雅，涉猎各种重要观点和人生哲学。这也是我借由孩子的成长，逐步实现自我完善。虽然我们见面机会有限，但只要在一起，就会讨论各种问题，这种沟通对于她和我来说都非常有益。在文化捡拾和思考过程中，我们在精神高点上有了共同的追求和向往。本书中有一部分是我们思想对撞出来的产品，有些是借助了他人的观点二次创作。从不断对事件真相的揭示和探讨中，推动彼此的进步和发展，也共同完成了生命的部分觉醒，这是我深感欣慰的。在这种积极的互动游戏中，既实现了父女的生命围合，也完成了两代人殷实的精神链接。

这本书侧重于关系实相的提示，哲学探讨成分较重一些。为避免阅读时枯燥，所以在文字描述上稍微偏向于轻松的风格，其中掺杂了一些诗话的元素。为避免审美疲劳，我没有进行分类，试想让书中所描述的观点呈跳跃状态，字数都有所控制，有深有浅。高兴时可以读，悲观时也可以看几眼。可随手拈来，在睡前，在餐后，或是一个短暂的闲暇，或在旅途中，或在无聊等候时，也可以在如厕时。不同年龄阶段会有不同的理解和认识，仁者见仁，智者见智，如果感觉爽了，就大叫两声。倘若认为是胡言乱语，也可狠骂几句。只要让大家舒服了，也算我没白忙乎。

书中的插图，国画部分是王艺先生所作，油画和封面是曹勇先生所作。非常感谢他们对我的鼓励和帮助，感谢俞敏洪老师为此书写的书评。感谢所有帮助过我的人，感谢所有关系中对我托举的人，感激神灵对我的指引，感恩一切。

于懋